제자들의 소리

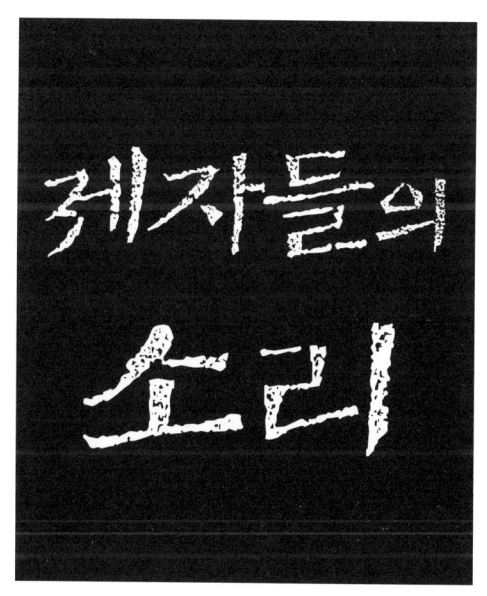

제자들의 소리

고신일, 권오서, 김기홍, 김동엽, 김영헌,
남기탁, 전용재, 정삼수, 지용수, 최이우 지음

가문비

제자들의 소리

2008년 2월 20일 초판 1쇄

글 예수제자학회
　　(고신일, 권오서, 김기홍, 김동엽, 김영헌, 남기탁, 전용재, 정삼수, 지용수, 최이우)
펴낸이 김숙분 편집 장정원 디자인 김은혜 영업 및 마케팅 이동진
펴낸곳 (주)도서출판 가문비 출판등록 제300-2005-60호
주소 (137-070)서울시 서초구 서초동 1624-1 영빌딩 303호
전화 02)587-4244~5 팩스 02)587-4246

ISBN 978-89-91980-38-9 93230

• 책값은 뒤표지에 있습니다.
• 잘못된 책은 구입하신 곳에서 바꾸어 드립니다.

장로교 통합측 목사들과 감리교 목사들이

주기적으로 모여 연구하고 친교하며

서로를 위해 기도하기 시작했다.

이름을 만들어 보았더니 "예수제자학회"가 되었다.

이 모임이 무엇 때문에 모이는지 선언도 만들었다.

두 달에 한 번 모여서 목회를 위한 세미나를 한다.

일 년에 한 두 차례는 며칠간 합숙 훈련을 한다.

그렇게 지나온 지가 벌써 10여년이 되었다.

이제 회원들이 설교 두 편씩을 여기 모아보았다.

사랑하는 동역자들이여

주의 종으로서 목회 길에 들어선지 여러 해가 되었습니다. 지난 길을 돌이켜 보면서 동시에 앞을 내다봅니다. 그 동안 이끌고 키워주신 하나님 우리 아버지께 감사를 올립니다. 이제 앞으로 남은 일할 기간을 내다보며 다시 한 번 옷깃을 여미며 다짐합니다. "오 하나님 아버지 이제부터 정말로 주의 일에 도움되는 삶을 살게 해 주십시오. 바울처럼 주의 나라 위해 몸을 바치게 하옵소서." 기도를 올리며 우리의 신앙적인 자세를 다져 보려고 합니다.

1. 우리가 출발하는 지점은 언제나 성경과 복음입니다.

"내가 이 복음을 부끄러워하지 아니하노니 이 복음은 모든 믿는 자에게 구원을 주시는 하나님의 능력이 됨이라"(롬 1:16)

이것은 종교개혁 시에 다시 확인된 기독교 신앙의 원리이기도 합니다. 아무리 교회를 크게 하여 신자가 수십만 명이라도 이 원리에서 벗어나면 절대로 하나님의 목회가 아닙니다. 영혼의 변화도 물론 일어날 수 없습니다. 신앙의 모든 원리는 성역에서 찾아야 합니다. 성경이 말하는 한도 내에서만 은사운동도 일어나야 합니다. 사도행전이나 시편은 우리 신앙체험의 모범입니다. 우리는 성경을 비판하는 신학자들을 받아들일 수 없습니다. 성경은 있는 그대로 하나님의 음성으로 받아들여야 합니다. 그렇지 않으면 언제나 인간의 사상이나 도덕만이 강조될 것입니다.

성경은 하나님과 말씀을 분리하지 않습니다. "태초에 말씀이 계시니라. 이 말씀이 하나님과 함께 계셨으니 이 말씀은 곧 하나님이시니라." "하나님의 말씀을 받은 사람들은 신이라."(요 10:35) 우리가 말씀을 그대로 믿고 움직이면 참으로 하나님의 도구가 됩니다. 담대하게 말씀을 의지하고 말하고 귀신을 쫓고 병자를 고쳐야 합니다. 성경이 말씀하시는 내용은 액면 그대로 순수하게 받아야 합니다. 성경이 우리에 대해 말하는 내용과 명령하는 내용을 그대로 따라야 합니다.

그러면 복음이란 무엇일까요? 성경에서 찾아야 할 것이 이것입니다. 하나님께서 예수 그리스도를 통해서 우리에게 해 주신 일입니다. 그래서 우리가 어떤 존재로 변했는지 어떤 일을 할 수 있고 어떠한 미래를 가지고 있는지 성경에서 찾아야 합니다. 목회자들은 자신에게 주어진 능력과 은사를 알아야 합니다. 그것을 사용하면 초대교회의 일들이 오늘날도 일어날 것입니다. 목회자들은 이 일을 게을리 하지 않아야 할 뿐 아니라, 잘 되도록 힘을 다해 교회를 도와야 합니다. 그리고 그 내용을 전해야 합니다.

2. 우리는 생기를 주는 사람들입니다.

"저가 또 우리로 새 언약의 일꾼 되기에 만족케 하셨으니 의문으로 하지 아니하고 오직 영으로 함이니 의문은 죽이는 것이요 영은 살리는 것임이니라"(고후 3:6)

화분에 물이 마르면 화초가 시듭니다. 죽기 전에 물을 주면 다시 생기를 얻고 일어나는 것을 봅니다. 우리도 사도들처럼 하나님이 주신 생명들이 생기를 얻게 북돋아야 합니다. 그들이 죄 많은 세상에서 살아가는 동안 복음을 들어야 합니다. 그래서 생기로 넘쳐나야 합니다. 죽은 영혼들에게는 영원한 생명의 생기를, 그리고 믿는 자들에게는 삶의 생기를 주어야 합니다.

그냥 복음의 내용만 주는 게 아닙니다. 거기에 생기를 넣어야 합니다. 그뿐이 아닙니다. 그것을 기초로 해서 교회 생활과 예배의 모든 분야에 생기를 주어야 합니다. 항상 살리는 것을 염두에 둡시다. 찬송도 기도도 보통 회의도 우리가 있는 곳에는 불화나 권태보다 생기가

있어야 합니다. 물론 가정과 사회와 모든 분야에서 신자들이 있는 곳
은 메마른 땅의 단비처럼 흑백 영상에 천연색이 입혀지듯 생기를 일
으켜야 합니다. 죽고 싶은 사람들, 삶의 의욕이 없는 이들, 무엇 때문
에 사는 지도 모르는 이들 누구나 우리를 만나고 우리의 설교를 들으
면 생기를 받을 것입니다. 병자는 치유를 받고 마음은 용기와 소망으
로 넘치게 될 것입니다. 이처럼 신나는 일이 어디 있겠습니까?

그러려면 우리가 먼저 생기를 얻어야 합니다. 성경연구와 기도 그
리고 끊임없는 자기 성찰을 통한 발전으로 우리가 먼저 생기를 유지
해야 합니다. 복음이 우리에게 주는 축복과 능력을 묵상하면 저절로
생기가 일어납니다. 그 다음에 가정과 교회와 사회 모두에게 생기를
부어주는 역할을 하게 될 것입니다. 또한 그들을 살리다 보면 우리도
더욱 은사가 불일 듯 일어나 하나님의 생기로 충만해지는 경험을 하
게 될 것입니다.

3. 우리는 양들을 섬기며 그들을 위해 희생할 것입니다

"내가 주를 사랑하는 줄을 주께서 아시나이다. 예수께서 가라사대 내
양을 먹이라"(요 21:17)

목자는 양을 위해서 희생합니다. 선한 목자 예수로부터 목자의 직
무를 받은 우리도 그리해야 합니다. 그것이 주의 요구입니다. 그것이

또한 주의 발자취를 따르는 것입니다. 즉 섬김을 받으려 하지 않고 섬기려 하는 것이지요. 실로 우리에게는 모든 사람들이 다 섬길 대상이요, 우리는 모든 사람들의 종인 셈입니다.

목회자를 우상화해서는 안 됩니다. 대접받고 싶은 유혹에 자주 빠집니다. 그러나 세례 요한처럼 주만 소개하고 주만 높이는 목회를 해야 합니다. 이 땅에서 대접과 존경을 다 받아버리면 하나님 앞에서는 아무것도 받을 게 없음을 명심해야 합니다. 소명 받고 신학교 가던 그때의 다짐을 늘 유지해야 합니다. 우리는 그리스도의 힘으로 그분처럼 정직하고 겸손하고 온유하게 일할 것입니다. 그분처럼 강하고 담대하고 능력 있게 살 것입니다. 단지 하나님의 이름이 높아지고 복음이 전파되는 일을 위해서만 여생을 바칠 것입니다.

위의 내용은 너무도 당연하고 잘 아는 것입니다. 그러나 만날 때마다 다짐하며 선한 목표를 향해 우리 남은 여생을 불사를 것입니다. 더나아가서 끊임없이 연구하고 연구한 것을 함께 나누며 아름다운 우리의 사명을 즐거움 속에 달려 나가야 합니다.

고신일 목사

성결대학교, 협성대대학원에서 신학을, 건국대교육대학원과 연세대경영대학원에서 상담심리학과 경영학을 공부했으며, 미국 아주사퍼시픽신학대학원, 훼이스신학대학원에서 공부한 뒤, 애쉬랜드대신학대학원에서 박사학위를 받았다. 아주사퍼시픽대학 객원교수, 나사렛대학교, 호서대학교 강사, 협성대학교 겸임교수로 일했고, 현재 부천 기둥교회 담임목사이시다.

항복(surrender) 하라

로마서 12장 1-2절

목회기도

부활과 영생의 소망으로 살게 하신 하나님
예수 믿고 구원받은 우리들이 모여 하나님께 예배드립니다.
인색하거나 억지로의 믿음이 아니라
기쁜 마음으로 입을 열어 찬양합니다.

기도합니다.

말씀에 아멘합니다.

정성 된 예물을 드립니다.

혹 우리 중에 신령과 진정함 없이 왔다 하더라도
이 시간 정신을 차리고 근신하여 하나님께 바치는

이 예배에 하나되기 원합니다.

이 복된 시간, 사탄의 표적이 되지 않게 저희를 붙드시옵소서.

하나님을 만나고 성령께서 함께 하심을 확신하여

뜨거운 가슴을 갖기 원합니다.

회복의 기쁨을 간증키 원합니다.

치료의 표적을 발견키 원합니다.

하나님, 이 가슴 설레는 예배에 구경꾼 되지 않게 하시고

산제물 되어 하나님께 드려지기 원합니다.

       태워지기 원합니다.

       변화되기 원합니다.

       능력받기 원합니다.

인터넷 중계 방송을 보는 이

카세트나 비디오 테잎을 듣고 보는 이들

군대, 객지, 외국에, 환자, 외로움에 눈물 흘리는 이들에게도

같은 은혜 받은 간증이 있게 하옵소서.

예수님의 이름으로 기도합니다. 아멘.

할렐루야!

평안하십니까?

지난 주간 좋으셨습니까?

지난 주간 저는 두 가지 일로 무거운 마음을 가지고 지냈습니다.

하나는, 부천에 짓는다는 주상복합건물에 투자하려고

전국에서 몰려들었다는 17만 여명의 사람들과

그들의 투자를 투기로 의심하여 '자금을 추적하여 세금을 부과하겠다'는 소리가 들리는 이야기입니다.

우리 기둥교회 성도들도 거기에 관심이 많더군요.

그런데 그렇게 투자하면 과연 돈은 버는지, 그렇게 해서 번다는 큰돈은 어디에 쓰려는지 궁금할 뿐입니다.

그래도 한 분이

"목사님, 그곳이 굉장히 살기 좋을 거라는데 교회에서도 하나 받아서 목사님 사시는 주택을 옮기시면 어떨까요?" 하시더군요.

말로는 뭘 못해 줍니까 해 줘야지.

또 하나는,

LG백화점 사고(2004. 4. 20 22 : 30분)로 인해

사망한 분 때문에 가슴이 아팠습니다.

주일성수하고, 십일조생활 하며

기둥교회에 출석하시던 분이셨습니다.

우리는 그분이 가족 친지도 없이 혼자 사시는 분으로 알고 있었습니다.

뉴스를 보고 담당교역자가 달려가 보니 많은 사람이 나타나서

서로 가까운 친척이라며

형이다 동생이다 하며

보상금에 신경 쓰고 '교회는 이 일에 관여하지 말라'고 하여
무거운 발걸음을 돌려야 했답니다.
그렇게 가까운 사이였다면 살았을 때,
혼자 외롭게 지낼 때는 왜 연락이 없었는지 기막힌 일입니다.
보상금에 신경 쓰며 서성거리는 사람들의 모습이 눈에 선합니다.

성도 여러분!
여러분은 얼마나 많이 가지셨습니까?
그 가진 것은 누구의 것입니까?
물론 살았을 때는 자신의 것이지요.
그러나, 죄송하지만 '돌아가신다면'
누구의 것이 될 것 같습니까?

사람은 누구나 이런 저런 사람과,
이런 저런 일들과 연결되고 얽매여 살고 있습니다.
그 얽매임에 대해서 병이라고 표현하는 사람들도 있습니다.

매임病
사람에게는 매임병이 있다고 합니다.
이 병은 아주 흔한 질병입니다.
사람들은 어디엔가 매여 있어야 편함을 느낍니다.
매여 있다가 풀리면 허전하기도 하고

자신의 정체성의 상실을 느낍니다.

이런 소속감이 없으면 외롭고 실수가 없습니다.

그런 의미에서 누구에게 매여 있다는 예속감은 좋은 것입니다.

그런데 누구에게 매여 있느냐가 문제입니다.

매여 있을 만한 것에 매여 있으면 복이지만

그렇지 못하면 구속이 됩니다.

가족은 가정에 매여 있어야 정상이며, 이때 편안함을 느껴야 합니다.

집에서도 아내에게 매여 있어야 편합니다.

남편 안에 매여 있어야 좋은 것입니다.

서로 든든한 버팀목이 됩니다.

매이지 말아야 할 것에 매이는 것은 구속이며 파멸입니다.

그리스도에게 매임은 사는 것이며 자유입니다.

그리스도에게 매일 때 비로소 인간은 행복을 찾습니다.

〈국민일보 2003. 10. 29〉

우리가 예수 그리스도와 하나될 때 / 매일 때

다시 말해 예수 그리스도를 구주로 믿으면

우리는 바른 길을 가게 되고

진리 안에 살게 되고, 참 생명 / 영원한 생명의 주인공이 됩니다.

그러나 예수님을 믿고 천국을 소망하며 산다는 사람들 중에는

"좌로나 우로나 치우치지 말라"(수 1:7)는 말씀을 외면한 채

하나님과 세상, 세상과 하나님 사이에서 양다리 걸치고

– 머뭇머뭇 하거나 (왕상 18:21)

"엘리야가 모든 백성에게 가까이 나아가 이르되 너희가 어느 때까지 두 사이에서 머뭇머뭇 하려느냐

여호와가 만일 하나님이면 그를 좇고 바알이 만일 하나님이면 그를 좇을지니라 하니

백성이 한 말도 대답지 아니하는지라" (왕상 18:21)

– 겸하여 섬기는(마 6:24, 눅 16:13) 어리석음을 범하고 있습니다.

"한 사람이 두 주인을 섬기지 못할 것이니 혹 이를 미워하며 저를 사랑하거나

혹 이를 중히 여기며 저를 경히 여김이라 너희가 하나님과 재물을 겸하여 섬기지 못하느니라" (마 6:24)

"집 하인이 두 주인을 섬길 수 없나니 혹 이를 미워하고 저를 사랑하거나 혹 이를 중히 여기고

저를 경히 여길 것임이니라 너희가 하나님과 재물을 겸하여 섬길 수 없느니라" (눅 16:13)

이제는 여호수아가 이스라엘 백성들에게

"섬길 자를 오늘날 택하라"(수 24:15) 고 명했던 것처럼

"여호와만 섬기라"(수 1:14) 하며

"오직 나와 내 집은 여호와를 섬기겠노라"(수 24:15) 했던 것처럼 결단하고 표현하며 살 때입니다.

왜요. 세상이 어느 가수의 노래처럼 "아리송"하고 "요지경"이라.
정신을 차리고 근신하지 않고는
빛 되고 소금 되게 살기가 어렵게 되었기 때문입니다.
오늘 본문 말씀(롬 12:2)에 보면
"하나님의 선하시고 기뻐하시고
온전하신 뜻이 무엇인지 분별하도록 하라"고 했습니다.
하나님께서 선하게 보시고 기뻐하실 일이 무엇인지
분별하며 살라는 말씀입니다.

신앙생활을 한다는 것은
'하나님 중심으로, 성경말씀 따라' 사는 것을 말합니다.
'하나님 중심으로, 성경말씀 따라' 산다는 말은
하나님께 항복(surrender)하고(굴복하고),
　　　　순종(obedience)이라는 부드러운 말보다는
　　　　복종(submission, obey)하고 산다는 뜻입니다.

사실 "항복"이나 "복종"이라는 단어는
사람들이 기분 좋아 사용하는 말이 아닙니다.
대부분의 사람들은 승리자가 되고 으뜸이 되기를 원하지
나중이 되거나 패배자가 되고 싶어하지는 않습니다.
예수님의 제자들과 그 가족들도 그랬고(마 20:21, 막 10:37)
오늘을 사는 우리들 대부분도 그렇습니다.

그래서 더 좋은 학교, 더 좋은 학군, 더 좋은 선생님을 찾습니다.

2등도, 3등도 만족치 못하고 1등에 목말라 합니다.

다 못하고 한 과목만 잘했어도 칭찬 듣는 서양 교육과는 달리 다 잘하고 한 과목 잘못하면 꾸중 듣는 것이 우리나라 학생들입니다.

오늘 같은 최고 지향적인 세상

1등 아니면 패배라는 경쟁 문화가 판치는 세상에서

우리는 "포기하지 말라,

　　　　절대 포기하지 말라,

　　　　항복하지 말라,

　　　　절대 항복하지 말라"는 교육을 받아 왔습니다.

그래서 양보하고, 배려하고, 순종하고,

항복하는 이야기 보다

극복하고, 쟁취하고, 성공하고

정복하는 이야기를 더 좋아합니다.

하나님께 항복하고 복종해야 하는

신앙생활을 하면서도

- 여전히 고개 들고

- 여전히 인정받으려 하고

- 여전히 높은 자리에 앉으려 하고

- 여전히 자기 생각을 내세우려 합니다.

그렇기 때문에 성경 구석구석에, 끊임없이

'내 생각을 버려라, 낮은 자리에 앉아라, 겸손하라' 고
반복하여 가르치는 것입니다.
하나님께 항복하고, 복종하며 사는 것이 신앙생활이며
그것을 구체적으로 표현하여 자신을 드리는 것이 예배입니다.
그래서 하나님은
두려움이나 의무감으로가 아니라
하나님을 사랑하는 마음으로
"신령과 진정으로" 예배 드리라 했습니다.
하나님은 그렇게(신령과 진정으로)
"예배하는 자들을 찾으신다"고 하셨습니다. (요 4:23-24)

오늘 본문 말씀 1절 같이 읽어봅니다.
"그러므로 형제들아 내가 하나님의 모든 자비하심으로 너희를 권
하노니 너희 몸을 하나님이 기뻐하시는 거룩한 산 제사로 드리라.
이는 너희의 드릴 영적 예배니라." (롬 12:1)

진정한 예배, 하나님께 기쁨을 드리는 예배는
우리 자신을 하나님께 완전히 내어 드렸을 때만 가능한 것입니다.
어떻게 그렇게 할 수 있습니까?
믿으면 할 수 있습니다.
우리가 하나님을 확실하게 믿지 못하고
의심하고 두려워하고 혼란스러워한다면

- 전적인 항복,

- 전적인 복종,

- 전적인 헌신을 할 수 없습니다.

그래서 성경에 뭐라 했습니까?

"믿음이 없이는 기쁘시게 못하나니 하나님께 나아가는 자는

반드시 그가 계신 것과 또한 그가 자기를 찾는 자들에게

상(賞) 주시는 이심을 믿어야 할지니라." (히 11:6)

하나님은 잔인한 노예 감독처럼

폭력을 사용해서 강제로 굴복시키려는 분이 아닙니다.

하나님은 처음 창조하실 때

인간에게 부여하신 의지를 깨지 않으시는 분이십니다.

자유를 가진 사람이 자기 의지로 예수님을 믿고 구원받아

하나님을 아버지로, 전능하신 창조주로 믿기를 원하십니다.

하나님은 섬기는 로봇을 원하지 않으십니다.

그러므로 하나님께 우리의 삶을 내어드리고 항복한다는 것이

우리의 생각이나 성품을, 우리 각자의 특성을 포기하는 것이 아닙니다.

다만 우리는 우리의 삶의 운전석에 예수님이 앉으시게 하면 됩니다.

항복은 시간(moment)이라는 개념과 연결해서 생각해야 하고,
또한 연습(practice)이라는 면과 연결시켜 생각해야 합니다.
즉 항복의 삶은 매순간 이루어져야 하고, 평생 해야 하는 것입니다.

다메섹으로 가는 길에서 눈부신 빛을 보고 쓰러진 바울은
그의 삶에서 항복의 순간을 맞이하였습니다.
하지만 바울이 항복한 것은 단지 일회적인 사건이 아니었습니다.
바울은 "나는 날마다 죽노라"고 했습니다. (고전 15:31)

예수님은 이렇게 말씀하셨습니다.

"…… 아무든지 나를 따라 오려거든 자기를 부인하고
날마다 제 십자가를 지고 나를 좇을 것이니라." (눅 9:23)

"만약 나를 따르려 한다면 자신들이 원하는 것을 모두 버려야 한다.
나를 따르기 위해 매일매일 자신들의 삶을 기꺼이 포기해야 한다."
(눅 9:23, NCV)

인간을 향한 최초 하나님의 금지 명령은
축복(祝福)의 선언이었습니다.
사람들은 자기가 누리는 행복을 깨닫지 못하고 사는 경우가 많습
니다.

지구촌 한 구석에서는 먹지 못해 말라죽어 가고 있고
한 구석에서는 배가 나와 걱정이 되어 에어로빅을 한다느니,
헬스클럽에 다닌다고 소란입니다.
풀죽이라도 먹으면 살 수 있겠다는 사람이 있는가 하면
반찬이 입에 안 맞아 못 먹겠다고 심술입니다.
어떤 사람은 대학에 가고 싶어도 못 가서 안달이고
어떤 사람은 자기가 다니는 학교가 마음에 안 든다고 불평입니다.

그밖에도 우리가 갖는 대표적인 불평은
우리를 규제하는 법이 너무 많다고 투덜댑니다.
- 술을 먹고 운전하다 사고를 내는 것은 위험합니다.
  그래서 음주운전 단속을 합니다.
  그런데 한 잔쯤은 괜찮지 않느냐고 투덜댑니다.
- 미성년자는 유흥업소에 들어가지 말라고 하면
  즐기는 건 자유인데 뭐 어떠냐고 항변입니다.

사랑하는 성도 여러분!
왜? '말라(don`t)'고 합니까?
그것은 보호하는 복(福)의 제재인 것입니다.
하나님이 규제하시는 것도 하나님의 일이 없어서가 아니라
하나님의 보호의 품안에 두시기 위해서입니다.

하나님은 만물을 지으시고
인간에게는 자유의지를 부여하셨습니다.
그러나 하나님의 뜻 안에서 자유를 누리게 하셨습니다.
그리고 하나님의 뜻에서 벗어난 인간에게는
그 대가를 치르게 하셨습니다.

그런데 최초로 인간이 불순종하게 된 원인은 "욕심"이었습니다.
야보고서 1장 15절에 "욕심이 잉태한 즉 죄를 낳고 죄가 장성한 즉
사망을 낳느니라." (약 1:15)

욕심이라는 것은 "꿈(vision), 의지에 불타는 욕망(열망 passion)"
과는 다른 것입니다. 욕심은 정당한 노력 없이 얻으려는 것, 자신이
해서는 안 될 하나님 영역을 침범하려는 것, 그것은 욕심입니다.

처음 사람들은 하나님의 음성에 귀 기울이지 않고
하나님 이외의 소리에 귀를 기울였습니다.
물론 지금의 사람들도 마찬가지입니다.
사랑하는 성도 여러분!
하나님이 하라신 것, 말라신 것이 너무 많다고 투덜대는 사람
지옥에 가 있는 사람 보기엔 얼마나 행복한 사람입니까?
부모의 간섭이 많다고 투덜대는 것
부모님 없는 사람 보기엔 행복한 고민 아닙니까.

하나님께서는 보호하시기 위해

축복하시기 위해

사랑을 베푸시기 위해 규제하십니다.

한 가지 경고하고 싶습니다.

우리가 완전히 항복한 삶을 살기로 결심할 때

그 결심에 따르는 시험이 있습니다.

그러나 하나님의 영광을 위해 사는 것이

때로는 힘이 들고 어려워도 찬송하며 감당할 수 있어야 합니다.

겸손히 주를 섬길 때 괴로운 일도 있습니다.

참고 견디고 승리하십시다.

우리는 예수 믿음으로 구원받았습니다.

하나님을 아버지라 부르는 자녀 되었습니다.

영생을 사는 복 받은 사람입니다.

천하보다 귀한 가치 있는 사람입니다.

믿습니까?

하나님 뜻 안에 살면 하나님의 일을 하는

하나님의 사람, 하나님의 자녀로 승리하게 됩니다. 아멘.

영국에서 평생 구걸만 하던 한 할아버지가

어느 집 주인을 찾아 햄버거 사 먹을 돈을 얻은 뒤 감사의 표시로 자신의 먼지 묻은 바이올린을 줬습니다.

할아버지가 돌아가신 뒤 주인은

바이올린의 먼지를 닦다가 깜짝 놀랐습니다.

1704년에 제작된 수십억 원을 호가하는 바이올린이었기 때문입니다. 만약 노인이 바이올린의 가치를 알았다면 굶주릴 필요가 없었을 것입니다.

자신이 뭘 지니고 있었는지 몰랐기 때문에

평생 구걸 인생을 산 것입니다. 〈국민일보 2003. 11. 8〉

우리는 노인 같은 인생을 살아서는 안 될 것입니다.

우리는 가치 있는 사람입니다.

천하보다 귀한 존재입니다.

우리가 하나님을 믿고, 하나님 말씀대로 산다면 우리가 하는 일은,

"하나님의 영광을 드러내는 일이 됩니다."

〈기도〉, 〈영적 훈련과 성장〉이라는 책을 쓴 Richard Foster를 아시나요?

미국의 이름있는 목사요, 교수이며 저술가입니다.

그가 그렇게 된 것은 대학시절의 한 충격적 체험 때문이었습니다.

그는 청년봉사단으로서 방학동안 알래스카 북극권 코체부에

처음으로 고등학교 교사가 건축되는데 그 일을 돕게 되었습니다.

하루는 하수도 공사를 위하여 땅 파는 일을 하였습니다.

북극권의 땅은 녹았다지만 무척 단단하여 고된 일이었습니다.

리처드는 짜증이 나고 봉사단을 경솔히 자원한 것을 후회하며

억지로 일을 하고 있었습니다.

이때 현주민 에스키모 아저씨가 곁에 와서 함께 일했습니다.

그의 손은 너무 거칠어 짐승의 가죽 같았습니다.

그러나 그는 줄곧 웃으며 콧노래로 찬송가를 계속 부르고 일했습니다. 그러다가 일손을 멈추더니 불쑥 리처드에게 말했습니다.

"젊은이, 이런 곳에 학교를 세우니 얼마나 좋은 일인가?

자네가 지금 이 땅을 파고 있는 것은 하나님의 영광을 위해서야."

북극지대에서 가축처럼 일하며 살아가는 무지한 에스키모가

하나님의 영광을 위하여 땅을 판다는 말을 들을 때

그는 큰 충격을 받았던 것입니다.

그동안의 자기는 모든 일이 자기를 위하고 자기 장래를 위하고

새로 생긴 애인을 위한다는 생각까지는 했으나

하나님의 영광을 위한다는 높은 생각을 해본 일이 없었습니다.

북극지대에서 만났던 이름 없는 에스키모,

한 가지 한 가지를 하나님의 영광을 위하여 산다는

짐승 같은 손을 가졌던 에스키모, 얼마나 고귀한 크리스챤입니까!

그 후에도 리처드 포스터씨는

가끔 그 에스키모를 그려보며 신앙생활의 본을 삼는다고 합니다.

모든 것을 하나님께 드리고, 하나님 중심으로 사십니까?

우리가 승리하려는 것은
1등 되고 높아지기 위한 것이 아닙니다.
우리의 목적은 하나님께 영광 돌리고
하나님이 기뻐하시는 삶을 위해 낙담하지 않는 것입니다.
포기하지 않는 것입니다.
그래서 힘이 들고 어려워도 찬송하며 갑니다.

왜요?
결국은 승리의 길임을 믿기 때문입니다.
천하 보다 귀한 내가, 세상 것 위해 사는 것이 아니라
하나님의 기준으로 사는 것입니다.

선한 싸움을 해야 합니다.
이 세상을 사는 동안 고생스러운 일을 겪지 않는 사람이 어디 있습니까?
그리고 살다가 죽음을 맞지 않는 사람이 어디 있습니까?
대부분의 사람들은 장수하여 오랫동안 살고자 하는 욕망을 가지고 있고 특별히 우리나라 사람들은 그러한 욕망이 더 크다고 합니다.
그러기에 겨울잠을 자는 개구리까지도 잡아먹고 몸에 좋다면 종류를 불사하고 먹는 게 아닐까요?
그러나 아무리 보약을 먹고 영양식을 해도
결국 인간은 죽음과 만나게 됩니다.

하나님은 이 힘들고 전쟁터와 같은 세상에서
싸움하는 방법을 가르쳐 주셨습니다.

우리가 싸울 수 있는 단 한 가지 방법은, "선한 싸움"입니다.

어쩌면 하나님께서는 우리에게 너무 과한 것을 요구하시는지도 모릅니다.

세상에는 쉽고 악한 방법이 많은데
우리에게는 오직 선한 싸움을 하라고 하십니다.

다른 사람의 반칙이나 부정의 방법을 보면서도
우리는 선하게 싸우라고 하십니다.

억울하게 여겨질지도 모르지만
하나님은 심판으로 정당하심을 드러내십니다.

비정상적인 방법으로 일시적인 승리를 했더라도
그 기쁨이 영원하도록 내버려두시지 않습니다.

언제나 선한 싸움이 불의한 싸움을 이기게 되어 있습니다.

당장은 불의가 이기는 것 같지만
결국은 정의가 이기는 것이 하나님의 법입니다.

"선을 행하여 고난받음이 악을 행하여 고난받음보다 낫다"고 하셨습니다.

여러분은 어떤 방법을 택하시겠습니까?

비록 손해나고 눈물 나는 일이라도 하나님이 명령하신 선한 싸움을 하시기 바랍니다.

주안에서 헛된 고난은 없습니다. 그런 믿음을 가지고 하나님 앞에 완전히 항복하고 사시기 바랍니다.

1999년 1월 어느날 미국 LA북쪽 Van Nuys에 있는 Church on the Way 라는 교회에 갔습니다.

그 날이 수요일이어서 수요일 밤 예배에 참석했습니다.

(미국 교회는 주일 밤 예배 안 드리는 줄 알고 있는 분들이 많은데 그렇지 않습니다. 부흥되는 미국 교회들은 주일 밤에 모임이 있습니다. 부흥회는 교회들은 주중에도 모여 예배드립니다. Church on the Way 교회는 수요일 밤 예배를 드리는 부흥되는 교회입니다.)

당시에는 Dr. Jack Hayford 라는 목사님이 담임목사님으로 있었는데 은퇴하셨고,

지금은 Dr. Scott Bauer라는 분이 담임목사님으로 있습니다.

그날 예배를 드리며 찬송을 부르는데 영어로 찬양을 부르니 저는 자막을 따라 읽기도 바빴습니다.

그러더니 우리 찬송가 71장 "All to Jesus I surrender, 내게 있는 모든 것을" 을 부르기 시작했습니다.

저는 71장 찬송을 부르기에 헌금시간인 줄 알았습니다.

왜냐하면 한국에서는 71장 찬송을 헌금시간에 많이 부르기 때문입니다.

그런데 미국 사람들이 〈내게 있는 모든 것을 아낌없이 바치네〉라는

찬송을 한 번, 두 번 부르고, 10분, 20분 계속 부르면서
무릎을 꿇고 눈물을 흘리며 손을 들고 찬양하는 것이었습니다.
후렴 부분에 "I surrender all"이라는 가사는
"나는 하나님께 항복합니다. 나는 하나님을 위하여 포기합니다.
내 영광, 내 기쁨, 내 특권을 다 포기합니다." 라는 뜻입니다.
그날 밤 저를 포함한 모든 사람들이
그 찬양을 계속해서 부르면서 눈물을 흘리며 은혜를 받았습니다.

저는 여러분에게 부탁드립니다.
살기 힘들고 어렵다 할지라도,
하나님은 우리에게
"이 세대를 본받지 말라"고 명하십니다.
우리가 하나님께 영적 예배를 드리기 위해서
우리 몸을 거룩한 산 제사로 드리라고 하셨습니다.

"하나님의 영광을 위하여 나는 포기합니다. 항복합니다"
여러분의 삶 속에서도 이 고백이 날마다 일어나기 바랍니다.
그러면 하나님께서 여러분의 길을 인도해 주실 것입니다.
하나님께 모든 것을 포기하고,
하나님께 항복하는 믿음의 삶, 승리의 삶,
합력하여 선을 이루는 삶이 되시기를 주님의 이름으로 축원합니다.

주소서

여호수아 14장 6-12절

목회기도

하나님 우리를 세상에 살게 하시고
짧은 인생이 끝이 아닌 소망을 갖게 하심 감사합니다.
오늘 우리들이 드리는 찬양과 감사가 하나님께만 영광되고,
예배를 드리는 우리들은
은혜를 충만히 받는 기쁨이 넘치기를 소망합니다.
생각해 보면 답답하고 눈물나는 일이 많았습니다.
그러나 여기까지 인도하심 감사합니다.
세상은 어렵다 힘들다 무섭다는 말들로
우리를 에워싸려 하지만

하나님 자녀 된 우리는

우겨쌈을 당하지 않는 승리를 간증하며 살게 하여 주시옵소서.

오늘 예배드림으로 하나님 자녀임을 확인하고, 혼자가 아님을 확신하며, 멸망치 않는 하늘의 시민권자임에 가슴을 펴는 성도들 되게 하여 주시옵소서.

하나님 아버지, 부족한 종에게 일 맡기심 감사합니다.

맡겨진 일들을 잘 감당하여

사랑하는 성도들을 푸른 초장과 잔잔한 물가로 인도하는

능력있는 지혜로운 목회자가 되게 하여 주시옵소서.

오늘 이 예배를 위해 땀흘리는 봉사자들이 구석구석에서 일합니다.

저들의 수고가 헛되지 않음을 깨닫게 하여 주시옵소서.

군대 · 객지 · 외국 · 병상에 있는 기둥교회에 속한 성도들이 있습니다. 하나님 어느 곳에 있든지 저들을 붙들어 주시옵소서.

이 귀한 시간 은혜를 사모하는 간절함으로

치료와 회복의 역사를 기다리며

예수님의 이름으로 기도하옵나이다. 아멘.

할렐루야!

그렇게도 더웠던 8월이 가서 감사합니다.

그래도 견딜 만큼 더웠으니 감사합니다.

사우나에 들어가서 뜨끈뜨끈한 게 "좋다, 시원하다 ……." 하는데 그런 온도가 계속되면 못 삽니다.

그래도 숨을 헐떡이면서도
견딜 수 있을 만큼의 더위임에 감사해야 합니다.

아무리 더워도 사랑하면 극복할 수 있습니다.
사랑하는 연인들을 보면
이 더위에도 얼마나 서로 끌어안고 다니는지…….
연세 드신 어른들을 끈끈한데 좀 떨어지라고 하는데
사랑에 불붙은 사람들은 가까이 가까이 합니다.

여러분도 하나님을 사랑하는 사랑이 불붙는
성도들이 되시기 바랍니다.
"주께로 가까이 주께로 가오니
나의 갈 길 다가도록 나와 동행하소서."
내가 주께로 가까이 하면서 나와 동행해 달라고 해야지 주님께로부
터 멀어지면서 왜 나와 동행 안 해 주시나 라고 생각하면 안됩니다.

오늘도 예배의 자리에 있으니 감사합니다.
옆의 분과 인사합시다. "여기서 만나서 감사합니다."

성경을 높이 들고 우리의 마음을 표현합니다.
저는 예수 믿어 구원받았습니다.(요 3:16)
저는 예수 믿어 하나님 자녀 되었습니다.(요 1:12)

저는 예수 믿어 천국 백성 되었습니다.(빌 3:20)

하나님께서 선물로 주신 오늘,(시 118:24)

하나님 말씀으로 가르침을 받습니다.(딤후 3:14-17)

눈을 열어 주의 법 안에 있는

놀라운 진리를 보고 깨닫게 하소서.(시 119:18)

"아멘"으로 순종하여 (고후 1:20)

하나님께 영광 돌리는 삶 되게 하소서.(마 5:16)

아멘.

고백한 대로 사시기를 축원합니다. 아멘.

2~3년 전에 고향에 갔었는데

저를 알아보시는 분들이 아직 많이 계셨습니다.

그런데 어떤 할머니 한 분이 먼저 "신일이냐? 오랜만이다" 그러시기에…… 저도 모르게 고개를 숙이며 "예, 안녕하셨어요?"라고 인사를 드렸습니다.

그랬더니 "나 모르겠냐?"하시는데 자세히 보니,

어릴 때 잠깐씩 같이 놀던 여자 친구였습니다.

쭈글쭈글, 꾸미지 않아서도 그렇고 아무튼 영락없는 할머니였습니다. 저는 어떻습니까? 할아버지 같습니까?

사람은 몇 가지 나이를 가지고 있습니다.

① 실제적인 나이입니다.

즉 언제 태어났으며 지금 몇 살인지를 말합니다.

아무리 속이려고, 줄이려고, 늘리려고 해도, 나이는 속일 수 없습니다. 중·고등학생 중에 성숙해 보이려고 화장을 하고 다니는 아이들도 있습니다. 길을 가다 우리교회 고등부 여학생을 봤는데 어찌나 예쁘게 화장을 하고 가는지 제가 당황스러워 피했습니다.

그 학생은 자기 실제 나이보다 많아 보이고 싶어 화장하는 것입니다. 그런데 연세 드신 분들은 자기 나이보다 어리게 보이고 싶어 나이를 물으면 줄여 말합니다.

저도 실제 나이보다 호적 나이가 한 살 어리게 되어 있어서

늘~ 감사합니다.

② 육체적인 나이가 있습니다.

나이는 어린데 늙어 보이는 사람이 있고, 나이 들었는데 어려 보이는 사람이 있습니다. 그런가하면

③ 정신적인 나이가 있습니다.

물론 지적인 나이도 포함해서 말합니다.

나이는 어린아이인데 생각하는 것과 말하는 것을 보면 어른인 아이들이 있습니다. 그런 애를 '애늙은이' 라고 말합니다.

아이는 아이다워야 하고 나이에 맞게 살아야 하는데,

애늙은이 같은 아이들은 똑똑해 보이기는 해도 정이 안갑니다.

그런가하면 나이도 들고 몸도 컸는데 마음이 어린아이 같은 사람이 있습니다. 기둥교회에 많습니다. 어르고 달래야 하고, 잘했다고 칭찬

해 주어야 삐죽거리지 않고 교회에 나오는 정신적인 어린아이들이 많이 있습니다.

그리고

④ 영적인 나이가 있습니다.

아무리 나이가 들었어도, 믿기 시작한 지 얼마 안 되어

영적으로, 신앙적으로 어린아이가 있습니다.

(고전 13:11, 14:20, 엡 4:13~16)

"내가 어렸을 때에는 말하는 것이 어린 아이와 같고 깨닫는 것이 어린 아이와 같고 생각하는 것이 어린 아이와 같다가 장성한 사람이 되어서는 어린 아이의 일을 버렸노라"(고전 13:11)

"형제들아 지혜에는 아이가 되지 말고 악에는 어린 아이가 되라

지혜에 장성한 사람이 되라"(고전 14:20)

세상 과학으로도, 세상 학문으로도,

나이는 극복할 수 있는 것임을 밝히고 있습니다.

자신의 의지와 노력에 따라 얼마든지 젊게 살 수 있다고 합니다.

그러므로 나이는 숫자에 불과합니다.

육체가 비록 쇠해져도 날마다 믿음 안에서

새롭게 젊게 씩씩하게 건강하게 사는 삶이 되시기를 축원합니다.

그런데 예수 믿는 사람들 중에

운명론적인 믿음을 가진 이들이 있습니다.

"하나님의 뜻이고, 하나님의 섭리입니다.
하나님의 인도하심이고, 하나님이 하셨습니다."라고 말하지만,
생활 속 깊은 곳에는 운명론이 깔려 있어
하나님을 믿는 사람인지 운명을 믿는 사람인지
구별이 안 될 때가 있습니다.
그래서 "아이고, 내 팔자야! 그렇게 타고난걸요.
그게 제 운명인가봐요"라고 말합니다.

예수 믿는 사람들 중에 이런 얘기하는 사람들,
그는 하나님을 믿는 사람이 아닙니다.
하나님은 사람들이 생각하는 운명도
바꿔주시는 분이신 것을 믿으시기 바랍니다.

성경을 보세요. 기독교 역사를 보세요.
아브라함, 모세, 다윗, 베드로, 링컨, 헬렌 켈러, 송명희 시인 등을
보세요.
그들은 예수 믿어 전혀 다른 인생을 살았습니다.
헬렌 켈러는 가만히 두면 시체와 다를 바가 없는 여인이었습니다.
그러나 예수 믿고 인생이 달라졌습니다.

우리나라의 서울대를 나오고 미국 하버드 대학에서 박사학위를 받
고도 몽골에 가서 가난한 사람들과 어울려 살며 평신도 선교사로 사

역하는 「이용규 선교사」라는 분이 계십니다.

보통 사람들의 생각으로는, 상식으로는 이해할 수가 없습니다.

그는 그렇게 살 사람이 아닙니다.

그가 가진 학위만 가지고도 얼마든지 살 수 있는 사람인데

예수님 때문에 가장 낮게 자신을 낮추고 살고 있습니다.

저는 가끔 생각해 봅니다.

'우리 아버지가 예수 믿지 않았다면…… 어떻게 사셨을까?'

분명히 저의 할아버지가 농사짓는 농부였으니까

아버지도 농사짓고 계실 것이 뻔합니다.

지금쯤이면 한쪽 다리 걷어 올리고 논에 물 보러 다니실 것입니다.

예수 믿어서 아버지의 인생도 달라졌지만

저의 인생도 하나님께서 쓰시는 삶이 되었습니다.

성경을 보세요. 역사를 보세요. 우리의 주변을 보세요.

믿음으로 자신에게 결정되어 버린 듯한

삶의 방향을 바꿔 멋진 인생을 산 사람들이 많습니다.

여러분,

예수 믿어 구원받았음에 감사하며 사시기 바랍니다.(요 3:16)

예수 믿어 하나님 자녀 됨을 감사하며 사시기 바랍니다.(요 1:12)

예수 믿어 천국 시민 됨을 감사하며 사시기 바랍니다.(빌 3:20)

믿음의 사람은 꿈의 사람입니다.

믿음의 사람은

하나님의 뜻을 이루고자 하는,

하나님께 영광 돌리고자 하는 비전의 사람입니다.

'비전'은 하나님의 뜻을 실현키 위해, 하나님이 기뻐하시는 일을 위해…….

자신이 성취하기 원하는 것을 미리 믿음으로 보는 것입니다.

믿음의 사람은 그 비전을 위해 기도하고

그 비전 실천을 위한 모험과 어려움을 각오하는 사람입니다.

성경 속에 나오는 하나님의 일을 했던 특별한 사람들의 삶을 보십시오. 그들 대부분은 하나님을 철저히 믿었고, 그 믿음으로 순종했습니다. 그리고 하나님께서 함께 하신다는 확신으로 꿈을 꾸었고 도전했습니다. 그 대표적인 사람 중 하나가 갈렙입니다.

갈렙은 모세와 함께 이스라엘 백성들의 이집트를 탈출해서 가나안 땅으로 들어가는 데 주도적인 역할을 했던 사람입니다.

갈렙은 이스라엘 백성이 가데스 바네아에 머물러서 모세가 가나안 땅에 정탐꾼으로 보낼 때 선발되었던 12명의 족장 중의 한 사람이었습니다.

이집트를 떠났던 사람들이 홍해를 건너서 하나님을 원망하고, 불평하고 탄식했습니다. 그 사람들은 광야에서 죽었지만 갈렙은 여호수아와 함께 가나안 정복 전쟁에 참여한 영웅이었습니다.

이제 갈렙은 어느 정도 안정된 상태였습니다.

남은 세월 자손들의 효도를 받으며 어린 손자들에게 '옛날에 홍해를 어떻게 건넜는지, 요단강을 어떻게 건넜는지, 여리고성을 어떻게 무너뜨렸는지' 얘기하며 지내면 되는 인생이었습니다.

그런데 갈렙은 가만히 앉아 있기를 거절했습니다.

편안하게 앉아 지금 얻은 것을 즐기는 것보다 도전을, 모험을, 또 다른 싸움을 하겠다고 했습니다. 그 말씀이 11절, 12절입니다.

"모세가 나를 보내던 날과 같이 오늘날 오히려 강건하니 나의 힘이 그때나 이제나 일반이라 싸움에나 출입에 감당할 수 있사온즉 그날에 여호와께서 말씀하신 이 산지를 내게 주소서"(수 14:11~12)

갈렙은 하나님께서 함께 하신다는 확신이 있었습니다.

다함께 12절 다시 봅니다.

"그날에 여호와께서 말씀하신 이 산지를 내게 주소서

당신도 그날에 들으셨거니와 그곳에는 아낙 사람이 있고 그 성읍들은 크고 견고할지라도 여호와께서 혹시 나와 함께 하시면 내가 필경 여호와의 말씀하신대로 그들을 쫓아내리이다" (수 14:12)

'여호와께서 혹시 나와 함께 하시면' 이라는 문장에서

"혹시"라는 단어에 신경 쓸 필요가 없습니다.

이 "혹시"는 우리의 표현대로

"만일", "어쩌다가", "if"라는 뜻이 아닙니다.

영문성경(NIV)에 보면 'but' 이라고 했습니다.
"~, but, the Lord helping me,
I will drive them out just as he said." - NIV -
표준 새번역으로 보면 '그러나' 입니다.
"~ 그러나 주님께서 나와 함께 하시니,
주님께서 말씀하신 대로, 나는 그들을 쫓아낼 수 있습니다."
하는 뜻입니다.

갈렙은 하나님이 함께 하신다는 확신이 넘쳤습니다.
그래서 가장 어려운 일을 자청했습니다.
갈렙은 여호수아와 함께 40일 동안 가나안 땅을 정탐했습니다.
그 정탐했던 땅들을 하나하나 정복해 가는 기쁨 속에
하나님의 도우심을 보았습니다.

그러나 헤브론 땅은 아직 정복하지 못했습니다.
헤브론 산지는 지형이 험하고 요새가 많은 산지입니다.
그러나 그곳은 비옥한 고원지대였고,
전망이 좋은 높은 곳이었습니다.
믿음의 조상 아브라함이 하나님의 사자를 만났던 곳이
바로 헤브론입니다.(창 13:18, 18:1-8)
그리고 아브라함과 사라, 이삭과 리브가

그리고 야곱과 레아가 묻힌 땅이 헤브론입니다.
(창 23:2, 19, 35:27-29, 49:29-33)

그러므로 헤브론은 아브라함이 하나님의 사자를 만났던 곳이요,
이스라엘 백성들의 조상이 묻힌 땅입니다.
그렇게 중요한 땅, 조상이 묻힌 땅인 헤브론 산지에
거인들이 살고 있었습니다.

15절에 보면 그 땅의 옛 이름은 「기럇 아르바」인데
「기럇」은 성체나 요새를 뜻하고, 「아르바」는 사람 이름인데 아낙 사
람들 중에 가장 큰 사람이었습니다.
그래서 가나안 정탐을 했던 사람들이 말합니다.
"거기서 또 네피림 후손 아낙 자손 대장부들을 보았나니 우리는 스
스로 보기에도 메뚜기 같으니 그들의 보기에도 그와 같았을 것이니
라" (민 13:33)
얼마나 사람들이 컸으면 이렇게 말했겠습니까?
헤브론 땅에 이스라엘 백성들이 묻힌 그 땅에 거인들이 살고 있어
서 아무도 그 땅에 접근하는 일에 나서지 않았습니다.
그런데 갈렙이 다른 사람들이 가기 싫어하는 땅,
거민들이 사는 그곳을 자기에게 맡겨 달라며 한 말이
"이 산지를 내게 주소서"입니다.
하나님께서 함께 계시면 그 산지를 정복할 수 있습니다.

갈렙은 비전을 보았습니다.

하나님께서 약속하신 그 땅에 자기가 가서 살 것을 믿음으로 보았습니다.

갈렙은 도전의 사람이었습니다.

갈렙은 나이나 환경이나 조건을 탓하지 않았습니다.

10절에 보면 갈렙의 나이는 85세입니다.

물론 11절에 스스로 "강건하다"(11절) 했습니다.

그러나 85세 된 어른이 '나 아직 건강하다' 고 말하는 건강과

20대, 30대 젊은이들이 '건강하다' 는 것과는 힘이 다릅니다.

그런데 85세 된 「갈렙」은 쭈그리고 앉아 죽음을 기다리지 않았습니다.

정복하기 어려운 조건들로 가득 찬

헤브론 '산지' 를 "주소서",

하나님이 약속하신 '땅' 을 "주소서"라고 했습니다.(수 14:12)

갈렙은 '어려움이 분명 있을 것이지만 하나님께서 함께 하시면

능히 정복할 수 있습니다' 하는 확신이 있었습니다.

갈렙은 흘러가는 세월의 나이를 따라 사는 사람이 아니었습니다.

하나님의 능력을 믿고 하나님이 주시는 힘으로 사는 사람이었습니다.

자기가 85세 된 노인이라는 것을 생각지 않고

아직도 해야 할 일, 할 수 있는 일에 관심을 갖는 사람이었습니다.

사랑하는 여러분,

나이에 얽매여 살지 마십시오.

"이 나이에 무슨", "내 나이 돼봐" 하지 마십시오.

고등학교 학생들이 중학생들에게

'내 나이 돼봐' 라고 하는데 얼마나 웃기는 일입니까?

서울, 남산교회에 김경환 장로님이 계시는데 여자 분이십니다.

작곡가 구두회 선생님의 부인이십니다.

서울 YWCA 회장을 역임했던 분입니다.

이 할머니가 현재 86세인데 70세에 불어를 배우기 시작해서

지금까지 불어성경을 4번째 읽고 계시답니다.

(2006. 8. 25. 은평교회 김영헌 목사님께 들은 이야기)

70세에 불어를 배우기 시작했다는데…….

그렇다면 70이 안된 사람들은 무엇이든지 할 수 있을 것입니다.

나이가 문제가 아닙니다.

어떤 생각을 가지고 사느냐, 어떤 믿음을 가지고 사느냐가

그 사람의 삶을 바꿔 놓는 것입니다.

갈렙은 믿음의 사람이었습니다.

그는 하나님을, 하나님의 약속을 철저히 믿었습니다.

본문 8절을 보면 "…… 나는 나의 하나님 여호와를 온전히 좇았으

므로……"(수 14:8)

여기에 '온전히' 라고 번역된
히브리어 '말레' 는 '만족시키다' 는 뜻입니다.
즉 갈렙은 '하나님께서 만족할 만한 담대한 믿음' 을 가지고 있었습니다.

"그 날에 모세가 맹세하여 가로되 네가 나의 하나님 여호와를 온전히 좇았은즉 네 발로 밟는 땅은 영영히 너와 네 자손의 기업이 되리라 하였나이다" (수 14:9)

이 말씀의 약속은 민 14 : 24, 신 1 : 36, 수 1 : 3을 보면 확인할 수 있습니다.
하나님께서는 이미 그들의 조상들과 더불어 가나안 땅을 이스라엘 자손에게 주시겠다고 약속하셨습니다.
갈렙은 하나님께서 자기 조상들에게 주신 말씀과 그 약속을 믿었습니다.
그리고 젊은 시절 따르던 모세가 하나님의 이름으로 약속한 9절의 말씀을 상기하였습니다.
그래서 12절에 "그날에 여호와께서 말씀하신 이 산지를 내게 주소서"라고 했던 것입니다.
우리도 갈렙처럼 하나님의 말씀을 붙들고 기도해야 합니다.

85세 갈렙이 헤브론 산지를 정복하겠다고 설 수 있었던 것은
하나님께서 그 땅을 약속하셨으니, 그 말씀대로 믿고 나가면
말씀대로 함께 하셔서
승리하게 될 줄을 분명히 믿었기 때문입니다.

믿음이 없이는 하나님을 기쁘시게 못합니다.(히 11:6)
그러므로 하나님께 나아가는 자는, 하나님의 뜻대로 살려는 사람은
"반드시 그가 계신 것과", "또한 그가 자기를 찾는 자들에게 상주시
는 이심을" 믿어야 합니다. 만약 믿음이 없으면 하나님께서 약속하신
것조차 받을 수가 없습니다.

오늘 이 시간에
성경에 나오는 '갈렙' 이라는 한 사람의 얘기를 듣고 돌아가면 허탕
입니다.
갈렙이 가졌던 믿음을 여러분 가슴속에 품고 가시기 바랍니다.
하나님께서 내가 드린 예배를 받으시는 것도 물론 감사하지만,
하나님께서 주시는 말씀을 통해
내 마음에 결단을 내릴 수 있어야 하고,
내 마음에 품고 가는 비전이 있어야 합니다.

어떻게 살아야 하나님 마음에 합한 삶입니까?
갈렙이 그 모범입니다.

갈렙은 하나님을 온전히 좇은 사람입니다.

온전히 좇았다는 말은

'하나님을 만족하게 해 드렸다', '하나님 마음에 합한 삶을 살았다'
는 뜻입니다.

갈렙은 자기 스스로 자기를 인정하는 믿음의 사람이었습니다.

"나와 함께 올라갔던 내 형제들은 백성의 간담을 녹게 하였으나
나는 나의 하나님 여호와를 온전히 좇았으므로"(수 14:8)

우리도 이런 삶이 되고, 이런 믿음을 갖기 위해 애써야 합니다.

사람은 자기 자신을 속일 수 없습니다.

자기를 가장 잘 아는 사람은 자기 자신입니다.

갈렙은 스스로 자만에 빠져서

나는 하나님의 마음에 들었다고 고백한 것이 아닙니다.

'내가 최선을 다해 하나님 마음에 들게 살았으니 이만하면 하나님
의 마음에 들었음에 틀림없다'는 확신입니다.

갈렙은 자기보다 어른인 당시의 지도자,

모세에게 인정받는 믿음의 사람이었습니다.

"그 날에 모세가 맹세하여 가로되 네가 나의 하나님 여호와를 온전
히 좇았은즉 네 발로 밟는 땅은 영영히 너와 네 자손의 기업이 되리라

하였나이다" (수 14:9)

모세가 보기에도 갈렙은 하나님을 온전히 좇았습니다.

신앙 생활하는 여러분, 교회의 어른이, 신앙의 선배가,

속회강사가, 지역장이, 전도사님이, 목사님이, 담임목사가 보기에
'저 학생 정말 바르게 신앙생활 한다, 저 청년 바르게 신앙생활 한다,
저 사람 새신자인데 어쩜 그렇게 신실할까, 저 집사, 권사, 장로……'
인정받는 신앙생활 하시기 바랍니다.

갈렙은 자기 동료 여호수아가 인정하는 믿음의 사람이었습니다.

14절 봅니다.

"헤브론이 그니스 사람 여분네의 아들 갈렙의 기업이 되어 오늘날
까지 이르렀으니 이는 그가 이스라엘의 하나님 여호와를 온전히 좇았
음이며" (수14:14)

함께 사는 사람, 함께 일하는 사람, 주변 사람들이

인정하는 믿음의 사람이 되어야 합니다.

여호수아가 보기에도 갈렙은 하나님을 온전히 좇는 사람이었습니다.

여러분에게 묻고 싶습니다.

가족들이, 친구들이, 형제들이, 이웃이,

여러분의 믿음을 인정합니까?

'저 사람은 자신이 믿는 하나님의 마음에 드는 사람일거야'

'저 사람 진짜 크리스챤이야',

'저 사람 참으로 좋은 믿음의 사람이야' 라고 합니까?

갈렙은 하나님도 인정해 주셨습니다.
민수기 14장 24절 봅니다.
"오직 내 종 갈렙은 그 마음이 그들과 달라서 나를 온전히 좇았은즉
그의 갔던 땅으로 내가 그를 인도하여 들이리니 그 자손이 그 땅을
차지하리라" (민 14 : 24)
얼마나 잘했으면, 얼마나 신실했으면…….
하나님도 갈렙을 인정했겠습니까.
참으로 부럽고 감동적입니다.
우리 교회 표어가 "하나님 마음에 합한 교회"인데
우리 삶의 목표가 '하나님 마음에 드는 삶' 인데…….
훗날 우리도 갈렙과 같은
인정받는 신앙이 되기 위해 애쓰는 삶이 되기를 바랍니다.

하나님께 인정받으면 다 되는 것 아닙니까.
문제는 우리가 하나님께 인정받는 신앙이 못되는 것입니다.
마음은 원이로되 육신이 약하여 곁길로 가는 것이 문제입니다.
스스로도 인정할 수 있고, 신앙의 선배도,
신앙의 지도자도 인정할 수 있고,
동료도 인정하고, 하나님께도 인정받는 믿음 생활을 한다면
하나님께서 약속하신 복을 못 받을 리 없지 않겠습니까.

온전히 좇지 않고 적당히 좇기 때문에 문제입니다.

'좇는 척 하였더라' 기 때문에 문제입니다.

갈렙은 하나님 마음에 합하게 살 뿐 아니라 꿈을 꾸었습니다.

도전했고 승리했습니다.

현실에 안주하지 마십시오.

위대한 신앙의 인물들처럼, 갈렙처럼

하나님의 뜻을 이루려는 꿈, 비전을 가지시기 바랍니다.

하나님께서 나이와 상관없이 함께 하심을 믿으시기 바랍니다.

환경 탓, 나이 탓하지 마세요.

하나님이 주신 꿈, 하나님이 주신 비전을 가지고

하나님께 "주소서"라고 기도하면 일에 맞는 일할 능력을 주실 것입
니다.

가슴을 펴고 당당하게 희망을 보고 하나님이 함께 하심을 믿고

범사에 승리하는 삶을 사시기를 축원합니다.

〈기도〉

전능하신 하나님!

감사합니다. 감사합니다.

환경을 탓하며 살았고 나이를 탓하며 살았던 것을 회개합니다.

하나님이 주신 꿈, 하나님의 뜻을 이루며 살려는 비전을

가슴에 품고 '하나님 허락하여 주시옵소서' 라고 기도할 때에

일에 맞는, 일할 능력을 주실 줄로 믿습니다.

가슴을 펴고 당당하게 희망을 보고 살아가는

저희들 되게 하여 주시옵소서.

가족들에게도, 친구들에게도, 이웃에게도 인정받는

특별히 하나님께 인정받는 믿음의 사람이 되게 하여 주시옵소서.

예수님의 이름으로 기도하옵나이다.

아멘.

권오서 감독

감리교신학교와 대학원을 졸업하고 미국 클레아몬트신학대학에서 석사와 박사
학위를 받았다. 감리교 동부 연회 14대 감독을 역임했으며 인도네시아 웨슬리
신학대학 명예총장, CBS이사, 감리교신학대학교 이사, 월드비전 강원지회 연
합회 대표회장, 세계감리교협의회 실행위원으로 활동하고 있으며 현재 춘천 중
앙교회 담임목사이시다.

열매를 맺지 못하게 하는 바이러스

마태복음 6:25-34

일상의 생활을 하든 신앙생활을 하든 중요한 것이 있다면, 그것은 열매를 맺는 것입니다. 일상의 생활에도 열매가 있어야 하고, 신앙생활에도 열매가 있어야 합니다.

여러분 어떤 열매를 맺고 있습니까? 하지만 열매를 맺는다는 것은 그리 쉽지 않습니다. 왜 그럴까요? 열매를 맺지 못하도록 방해하는 것들이 있기 때문입니다. 열매를 맺지 못하게 하는 그것, 그것은 무엇일까요?

마가복음 4장 19절은 열매를 맺지 못하도록 방해하는 것들에 대해서 "세상의 염려와 재물의 유혹과 기타 욕심"이라고 말씀하고 있습니다. 바로 이러한 것들 때문에 열매가 없다고 말하고 있습니다. 그러므로 열매를 맺기 위해서는 세상의 염려를 버리고, 재리의 유혹을 이기고, 욕심을 버려야 합니다. 이런 것들을 극복해 낼 때 비로소 열매 맺는 일상생활, 신앙생활, 열매 맺는 삶을 살 수 있습니다.

오늘은 그 3가지 가운데 "염려"에 대한 말씀을 함께 나누려고 합니다. 염려를 버림으로 여러분의 삶 속에 열매 풍성이 맺어 지게 되시기를 주님의 이름으로 축원합니다.

노만 빈센트 필 박사 이야기입니다.

어느 날 뉴욕 길거리에서 한 남자가 찾아와 걱정스럽게 말했습니다.

"목사님, 저는 큰 문제로 염려에 싸여 있습니다".

필 박사는 대답합니다.

"그래요? 여기서 가까운 곳에 수만 명의 사람이 있으나 그 중 한 사람도 문제 거리나 염려거리가 없는 사람은 없습니다."

염려에 쌓인 그가 물었습니다.

"목사님, 제게 걱정이 없는 곳을 가르쳐 주십시오. 저도 그런 곳에 가서 살고 싶습니다."

"걱정 없는 곳이 한 곳 있는 데 가시겠습니까?"

"어디인데요?"

"이 넘어 공동묘지입니다."

이 세상 살아가는 동안에는 염려를 하지 않을 수가 없습니다. 누구나 염려를 합니다. 염려로부터 해방된 사람은 없습니다. 그럼에도 불구하고 예수님께서는 분명하게 말씀하십니다.

"염려하지 말라."

그렇다면, 어떻게 염려하지 않을 수 있습니까?

먼저, 염려가 무엇인지를 알아야 합니다.

1. 염려란 무엇입니까?

염려라는 단어는 헬라어로 '메림나오'라는 말을 쓰는데, 이 메림나오라는 말은 기본적으로 '마음을 쓰다, 조심하다, 이익을 증진시키려 하다'라는 뜻을 가지고 있습니다. 얼른 보면 그렇게 나쁜 것 같지 않습니다. 그런데 이 기본적 외에 또 다른 말이 있는데, 염려란 말의 '메림나오'는 "마음이 나뉘어졌다" 이런 뜻을 가지고 있습니다. 마음이 나뉘어져 있다는 것은 무엇을 뜻합니까? 현실과 가상 사이에 당면한 일과 가상의 일 사이에 마음이 중간에 끼어 있다 이 말입니다.

염려하면 감정이 나누이고, 생각도 나누이고, 판단의 기능이 나누이고, 결심이 나뉘어져서, 실패와 불행을 초래합니다. 그래서 야고보 사도도 마음이 나누인 사람의 불행한 상태를 이렇게 말했습니다. "그는 두 마음을 품은 사람이요, 그의 모든 행동에는 안정이 없습니다." (약 1:8, 표준새 번역) 염려하는 사람은 두 마음을 품은 사람으로, 모든 행동에 안정이 없다. 그 말씀입니다.

그러나 여기서 우리가 염려에 대해서 좀 더 깊이 생각해 볼 것이 있습니다. 첫째, 염려하지 말라는 말이 계획하지 말라는 말은 아닙니다. 어떤 사람은 인생의 계획을 수립하는 것도 다 염려로 착각하는 경우가 있습니다. 그래서 아무런 계획 없이 주어지는 대로 사는 것을 믿음이 좋은 사람으로 생각합니다. 이런 사람들은 재정 계획을 수립한다거나, 어떤 보험, 생명 보험, 건강보험 이런 것에 가입을 하거나 하는 행동은 불신앙적이고 잘못된 것이라고 생각합니다. 때때로 목회자 가운데 "나는 예금 통장이 없습니다." 그런 것을 무슨 믿음의 상징처럼 고백하는 사람들이 있습니다.

여러분, 어떻게 생각하십니까? 인생 계획을 수립하는 것이 잘못된 것입니까? 결코 그렇지 않습니다. 예수님께서도 계획을 세우는 것을 문제 삼지 않으셨습니다. 오히려 예수님께서는 계획적으로 살아야 함에 대해서 가르치셨습니다. 계획적으로 뭔가 일해야 함을 우리에게 가르치셨습니다. 누가복음 14장 28절입니다.

"너희 중에 누가 망대를 세우고자 할 진 대 자기의 가진 것이 준공하기까지에 족할는지 먼저 앉아 그 비용을 예산하지 아니하겠느냐?"

누가 망대를 세운다면 내가 가지고 있는 예산이 망대를 다 마칠 때까지 그 예산이 족할는지 아니면 모자라든지 그것 먼저 생각하고 망대를 시작하지 않겠느냐 그 말씀입니다.

그렇습니다. 우리는 어떠한 일을 하기 전에 반드시 계획을 수립합니다. 우리 교회가 성전을 건축할 때나, 선교 교육관을 건축할 때나 계획을 수립했습니다. 어떻게 건물을 지을지, 얼마 동안 지을지, 필요한 재정은 얼마 만큼인지, 혹시 부족분이 발생한다면 어떻게 해결할 것인지 이런 것들을 다 생각하면서, 계획을 다 수립했습니다. 여러분 계획을 한다고 해서 염려하는 것은 아닙니다.

둘째, 염려하지 말라고 해서 생각 없이 살라는 말은 아니라는 사실입니다. 아무 일에도 걱정하지 말고 행복하게 살라 그런 아니라는 말입니다. 예를 들면 이런 이야기입니다.

어린 자녀가 큰 길에서 놉니다. 그것을 보고 가만히 있을 부모가 있습니까? 만약에 어린 자녀가 위험한 큰 길에서 노는 것을 보면서도 가만히 있는 부모가 있다면 그건 염려 걱정 안하는 부모가 아니라, 정말 무서운 부모일 것입니다. 부모라면 어린 자녀의 안전에 대해서 걱정할 것입니다. "나는 큰 길에 가 있지 않으니까 걱정 없어"- 이런 논리는 맞지 않습니다.

그렇다면 염려하지 말라고 할 때 그 염려란 무엇입니까? 헨리 나우웬은 염려를 이렇게 설명했습니다. 염려한다는 것은 "아직 내 앞에 오지도 아니한 시간과 장소를 '혹시'라는 것으로 가득 채우려는 것이다." 혹시 암에 걸리지 않을까, 혹시 운전하면서 자동차 사고는 나지 않을까, 혹시 실직하지 않을까, 혹시 노총각으로 늙으면 어찌하나, 혹시 시집 못 가면 어쩌나, 이런 식으로 아직도 이런 식으로 아직도 오지 않은 시간과 장소를 가득 채우는 것이 염려입니다. 결국 염려하는 사람은 미래를 사는 사람입니다. 그런데 문제가 있지요. 이 미래라는 것은 결코 우리가 취할 수 있는 것이 아닙니다. 미래는 우리 마음대로 되는 것이 아닙니다. 염려를 한다고 해서 미래가 달라지지는 않습니다.

대학입학 때는 꼴지로 입학했지만 졸업 때는 전교 수석을 한 사람의 이야기입니다. 모집 정원 80명에 이 사람은 81등이었어요. 그러니까 합격할 수 없는데, 다행인지 어쩐지 모르지만 하여간 80등 안에 들었던 사람 가운데 한 명이 면접시험에 오질 않았어요. 그래서 81등이었지만 80등으로 합격을 했습니다. 기뻤을까요? 안 기뻤을까요? 이 사람은 합격은 했지만 기쁨보다 마음속에 굴욕감이 생겼습니다. 그런데 그것이 자극이 되어 입학 초부터 공부벌레가 되었습니다. 남들이 하는 미팅에는 단 한 번도 참석하지 않았고 세 가지 좌우명을 가지고 공부했습니다.

첫째, 강의시간에는 절대로 빠지지 않는다. 둘째, 쉬는 시간에는 반드시 도서관에 간다. 셋째, 강의실에는 맨 앞자리에 앉는다. 그렇게 공부한 결과 일학년 첫 학기 성적을 4.1을 받았고 이것에 용기를 얻어 더욱 열심히 공부했더니 졸업 때는 전교 수석의 영광을 차지했습니다.

성도 여러분, 인간은 과거에 사는 것이 아니라 현재에 사는 것입니다. 또한 미래에 대한 걱정도 하면 안 됩니다. 왜 그럴까요? 성실하게 하루하루를 살면 하나님께서 축복해주실거라고 믿으시기 바랍니다. 예수님은 오늘 본문 27절에서 말씀하십니다. "너희 중에 누가 염려함으로 그 키를 한 자나 더할 수 있느냐?" 어떤 성경은 '키'라는 말씀을 '목숨'으로 번역하기도 합니다. 아무튼 염려한다고 달라지는 것은 없습니다. 염려한다고 키가 커지는 것도 아니고, 염려한다고 우리의 생명이 우리 마음대로 연장되는 것도 아닙니다. 그래서 데이비드 제레마이어(David Jeremiah)는 〈당신 삶의 거인들을 잡아라〉라는 이 책에서 "염려란 목적이 없이 평생 미친 듯이 뛰는 것" 그렇게 말한 바 있습니다.

2. 그렇다면 왜 염려하지 말아야 할까요?

1) 명령이기 때문입니다.

누구의 명령? 주님의 명령입니다. 성경에 '염려하지 말라' 이 단어가 몇 군데 나오는 줄 아십니까? 365곳에 나와요. 왜 365곳 나오는 줄 아십니까? 하루에 한 번씩 생각하고 지나가라고. 이건 우스갯소리가 아닙니다.

31절 함께 읽어보실까요? 같이 읽겠습니다.

"31절 그러므로 염려하여 이르기를 무엇을 먹을까 무엇을 마실까 무엇을 입을까 하지 말라. 34절 그러므로 내일 일을 위하여 염려하지 말라. 내일 일은 내일 염려할 것이요 한 날 괴로움은 그 날에 족하니라."

우리 주님은 분명하게 명령하셨습니다. 뭐라고요? "염려하지 말라" 그래서 염려하지 말아야 합니다. 명령이기 때문에 누구의 명령? 주님의 명령이기 때문에 염려하지 말아야 합니다. 우리가 이러한 주님의 명령을 어기고 염려한다면, 그것은 하나님에 대한 불신입니다. 하나님께 대한 확신이 없다는 증거입니다.

아브라함은 하나님께서 명령하셨기 때문에 이삭을 데리고 모리아 땅으로 갑니다. 왜? 모리아 땅에 있는 산에 가서 아들 이삭을 번제로 드리려고, 아브라함이 아들 이삭을 드리고 나면, 대를 이를 걱정을 해야만 했습니다. 그러나 걱정 이전에 하나님께서 아브라함에게 명령하셨기 때문에 그는 모리아 땅으로 갔습니다. 다윗은 하나님이 명령하셨기에 그일라 사람을 구원하기 위해서 그일라로 갔습니다. 다윗을 따르던 모든 부하들들, 참모들이 안 된다고 말렸습니다. 왜냐하면 그 일라로 가면 자신들의 목숨도 위협을 받게 될 것이 분명했기 때문입니다. 왜 부하들이, 왜 참모들이 말렸다고요? 목숨에 대해 염려했기 때문입니다. 무엇을 의미합니까? 목숨에 대해서 염려했다는 것입니다. 그러나 다윗은 갔습니다. 왜 염려보다 하나님의 생각을 먼저 했기 때문입니다.

물론 여러분들 중에는 '염려하지 말라는 것이 아무리 명령이라 할지라도 염려할 수밖에 없다' 그렇게 말할 분들이 계실 것입니다. 그렇습니다. 염려할 수밖에 없어요. 그러나 이걸 기억하세요. 우리 하나님은 단순히 우리에게 명령만 하고 그 명령을 지키기를 원하시는 것만이 아니라 하나님은 우리를 공중의 새들보다도, 들의 백합화보다도, 들풀보다도 귀히 여기십니다. 우리가 인생에 대해서 염려하는 것 이상으로 더 많은 관심을 가지고 우리를 바라보시고 우리를 지키시고 인도하시는 하나님이심을 깨달으시기를 바랍니다.

지나온 삶을 가만히 한번 생각해보세요. 되돌아보면 우리가 오늘 이렇게 서는 것 하나님께서 여기까지 인도하신 까닭이 아니겠습니까? 하나님께서 여기까지 인도하셨다고 그렇게 믿는 사람은 내일도 하나님께서 인도해 주실 줄로 믿기 때문에 염려하지 않아도 됩니다. 그러나 내 힘으로 여기까지 살아왔다고 생각하면 내일이 당연히 염려되죠. 왜? 내 힘으로 살아야하기 때문에. 우리 모두 너무 잘난 척 하지 맙시다. 오늘 우리가 여기 이렇게 사는 것 다 하나님의 은혜인줄로 믿습니다. 오늘 우리가 분명히 정말 진심으로 정말 가슴 깊이 오는 믿음으로 나의 나 된 것 오늘까지 산 것이 하나님의 은혜라고 고백할 수 있는 사람은 내일 염려하지 않아요. 왜? 내일도 인도해주실 것이 확실하기 때문에.

2)두 번째 염려는, 백해무익(百害無益)하기 때문입니다.

염려는 여러 가지로 좋지 않기 때문에 하지 말아야 해요. 어떤 목사님은 염려를 가리켜서 "치사율이 높은 악성 바이러스" 그렇게 말하기도 했습니다. 실제로 세계 제2차 대전 당시 전쟁에서 숨진 젊은이는 30만 명. 그런데 사회심리학자들에 의하면 남편이나 아들을 전쟁터에 보내 놓고 염려하다가 심장마비로 죽고 기타 다른 질병에 걸려 죽은 사람은 전쟁터에 전쟁 때문에 죽은 30만 명보다 훨씬 많다는 100만에 달했다 그렇게 보고 합니다. 무슨 얘기입니까? 전쟁 때문에 죽은 사람은 30만 명인데 남편 아들 전쟁터에 보내놓고 걱정해서 그 병 때문에 죽은 사람은 100만 명이라는 거예요. 뭘 얘기합니까? 염려는 전쟁보다 더 무섭다는 얘기죠, 해롭다는 얘기입니다.

위장병의 80%가 신경성이라고 합니다. 관절염도 정신적인 것이 많다고 합니다. 난치병인 암의 원인도 염려, 근심 때문일 때가 많다고 합니다. 스트레스를 많이 받고 풀지 않으면 암의 원인이 된다는 것입니다. 그래서 잠언 17장 22절은 이렇게 말씀합니다. "마음의 즐거움은 양약이라도 심령의 근심은 뼈를 마르게 하느니라." 그런데 구약시대에도 보니까 골다공증이 있었어요. 심령의 근심은 뼈를 마르게 한 대요. 제 얘기가 아니라 성경말씀 입니다. 마음을 즐겁게 가지는 것이 우리 건강에 비결이에요. 설교 들으실 때에도 제가 조금 재미없게 하더라도 웃으시면서 설교 들으시기 바랍니다. 그래야 여러분 건강에 유익이 되는 거예요. "마음의 즐거움은 양약이라도 심령의 근심은 뼈를 마르게 하느니라" 성도 여러분, 염려하면 뼈가 마릅니다.

3)세 번째 이유, 믿음 없는 사람들이 염려합니다.

31절 말씀, "그러므로 염려하여 이르기를 무엇을 먹을까 무엇을 마실까 무엇을 입을까 하지 말라" 말씀하시면서, 32절은 뭐라고 말씀하십니까? "이는 다 이방인들이 구하는 것이라" 염려는 누가 하는 것이라고요? 이방인. 이방인 무슨 얘기입니까? 하나님 안 믿는 사람, 그게 이방인이에요. 이 부분을 누가복음 12장 30절은 이렇게 말씀합니다. "이 모든 것은 세상 백성들이 구하는 것이라. 너희 아버지께서 이런 것이 너희에게 있어야 될 줄을 아시느니라." 염려-누가 하는 것이라고요? 세상 백성들. 다시 말해서, 염려라는 것은 세상 사람들이나 하는 것이지 하나님을 믿는 백성들은 하지 않아야 한다는 말씀입니다. 믿는 사람에게 있어서 염려한다는 것은 이치에 맞지 않습니다. 믿음이 없는 사람들이나 염려하는 것이지, 믿음의 사람은 염려할 필요가 없습니다. 왜요? 하나님이 돌보시기 때문에. 다시 말씀드립니다. 여기까지 인도하신 하나님! 그 하나님에 대한 진실한 우리의 믿음의 고백이 있다면 여기까지 인도해주신 그 하나님께서 내 미래도 인도해주실 줄로 믿습니다. 하나님께서는 우리가 필요한 것을 다 알고 계십니다. 공부하는 학생들에게 무엇이 필요한지, 취업을 준비하는 학생들에게 무엇이 필요한지, 사업을 구상하는 사람들에게 무엇이 필요한지, 우리의 필요를 알고 계세요. 구하면 주님께서 채워 주실 줄로 믿습니다.

그렇다면 열매를 맺지 못하게 하는 염려 바이러스를 어떻게 치료할 수 있겠습니까?

1) 우선순위 체계가 바로 잡혀야 합니다.

예수님 말씀입니다. "한 사람이 두 주인을 섬기지 못할 것이니 혹 이를 미워하며 저를 사랑하거나 혹 이를 중히 여기며 저를 경히 여김이라. 너희가 하나님과 재물을 겸하여 섬기지 못하느니라" 자~ 그 성경 그대로 둬 두시구요. 보세요. 한 사람이 두 주인을 섬기지 못한다고 그랬어요. 하나를 미워하거나, 저를 사랑하거나. 중히 여기거나, 경히 여기거나. 그렇게 이렇게 둘을 똑같이 사랑할 수 없다는 겁니다. 자 그 다음에 보면 "너희가 하나님과 재물을 겸하여 섬기지 못하느니라." 두 가지 생각을 해야 합니다. 하나님과 재물을 겸하여 섬기지 못한다는 것은 "하나님만이 섬김의 대상이 아니라 재물도 섬김의 대상이 될 수 있다" 이야기입니다.

그런데 한 걸음 더 나아가 생각해야 합니다. 만일 하나님을 제일로 섬기지 않으면, 하나님께서 우리의 주인입니까? 아닙니까? 우리 인생의 주인이 될 수 없어요. 하나님이 우리 인생의 주인이 아니면 누가 우리 인생의 주인이 되냐? 그 다음에 재물이 우리 인생의 주인이 됩니다. 문제는 그 다음부터 문제인데 제물이 인생의 주인이 되다보면, 우리의 삶에는 염려로 가득 찹니다. 솔직히 우리가 하는 대부분의 염려가 무엇과 관련이 있습니까? 재물과 관련이 있습니다. 돈이 없어서 걱정입니다. 생활비가 없어서, 자녀들 등록금이 없어서, 사업 밑천이 없어서, 염려하고 걱정합니다. 또 건강에 대해서도 상당 부분 걱정을 합니다. 배가 조금만 아파도 위암은 아닌가? 기침만 나와도 폐암은 아닌가? 이런 걱정을 합니다. 이렇듯 우리가 걱정하고 염려하는 모든 것들은 하나님과는 전혀 관계가 없는 것입니다. 이 말이 무엇을 뜻합니까? "늘 우리 중심이 하나님께, 하나님께 우리 중심이 가 있지 못하면 언제나 세상적인 것, 육신적인 것이 우리 중심에 들어오게 된다" 이 말입니다. 조금 어려워서 아멘이 안 나오십니까?

우리 중심이 하나님께 가 있지 못하면, 하나님이 우리 중심에 와 계시지 않으면 하나님 대신에 세상적인 것, 육신적인 것이 우리 중심에 있게 되는 것입니다. 그러면 어떻게 되는 줄 아십니까? 여러분, 여러분들의 우선순위는 무엇입니까? 최우선으로 삼고 있는 것이 무엇입니까? 하나님이 내 가운데 내 중심, 내 인생 중심에 와 계시지 않으면 성공이 최우선, 또 출세가 최우선, 가정의 행복이 최우선. 그런데 이런 게 최우선이 되는 그런 사람에게는 하루도 염려하지 않을 날이 없어요. 내 설교가 어려워서 얼굴 표정이 어두워진다. 이건 정말 정말 중요한 말씀이에요. 내 중심에 하나님이 계시지 않으면, 세상적인 것이 있게 되고, 세상적인 것이 내 중심에 있게 되면 하루도 내 마음이 편할 날이 없어요. 예수님 생각만 해도 그렇게 좋은데, 하나님 생각만 해도 그렇게 좋은데. 하나님 생각, 예수님 생각 대신에 사람 생각, 세상 생각하면 내 마음이 얼마나 불편하고 갈등이 많습니까. 예수님께서 말씀하시는 것을 들으십시오. "너희는 먼저 그의 나라와 그의 의를 구하라. 그리하면 이 모든 것을 너희에게 더하시리라." 무엇을 먼저 생각하라고요? 하나님의 나라와 그분의 의를 구하십시오. 그러면 하나님께서 우리에게 필요한 모든 것을 더해 주실 줄로 믿습니다.

찬송가 432장 함께 불러 보실까요?

"1.너 근심 걱정 말아라. 주 너를 지키리. 주 날개 밑에 거하라. 주 너를 지키리. 2.어려워 낙심될 때에 주 너를 지키리. 위험한 일을 당할 때 주 너를 지키리. 3.너 쓸 것 미리 아시고 주 너를 지키리. 구하는 것을 주시며 주 너를 지키리. 4.어려운 시험 당해도 주 너를 지키리. 구주의 품에 거하라. 주 너를 지키리. 후렴) 주 너를 지키리. 아무 때나 어디서나 주 너를 지키리. 늘 지켜 주시리." 아멘. 1절 가사를 보세요. 어디에 거하라고 말씀하십니까? "주 날개 밑에 거하라"

염려거리가 살아온 날 수만큼 많으셨습니까? 앞으로 살아갈 날 수만큼 많을 것 같습니까? 주님의 날개 아래 거하시기 바랍니다. 주님의 날개 아래 거한다는 말씀은 하나님과의 관계가 언제나 살아있는 관계로 회복되어야 한다는 말씀입니다. 하나님을 찾고 찾으시길 바랍니다. 모든 염려로부터 하나님께서 자유케 해주실 줄 믿습니다.

염려하지 않기 위해서는

2)오늘의 짐만을 지고 살아가야 합니다.

34절 말씀, "그러므로 내일 일을 위하여 염려하지 말라. 내일 일은 내일 염려할 것이요. 한날 괴로움은 그날에 족하니라." 성도 여러분, 오늘의 짐만을 지고 사시기를 바랍니다. 있지도 않을 일에 대해서 미리 걱정하지 마시기를 바랍니다. 데이비드 제레마이어는 이렇게 말했습니다. "과거와 미래는 둘 다 우리에게 금지 구역이다. '출입금지' 표지판을 붙여야 한다. 과거는 영원히 닫혔다. 미래는 아직도 공사중이다. 그러나 당신에게 필요한 모든 것이 오늘 안에 있다" 성도 여러분, 어제 있었던 실패에 대해서 너무 마음 아파하지 마세요. 내일 있을 일에 대해서 마음을 쏟지 마세요. 하루하루를 성실하게 최선을 다해 사시기를 바랍니다. 신명기 33장 25절에는 이렇게 말씀합니다. "네 사는 날을 따라서 능력이 있으리로다." 여러분, 이 말씀이 무슨 뜻인지 아십니까? 우리가 그토록 염려하고 두려워하고 걱정하는 내일이 되면, 하나님께서 그날에 필요한 힘과 그날에 필요한 지혜와 그날에 필요한 능력을 허락해 주실 것이라는 말씀입니다. 어제 능력이 되신 하나님은 어제도 오늘도 내일도 변함없이 우리를 사랑하시며 능력이 되어 주실 줄로 믿습니다. 이 말씀을 믿고 나아감으로써 열매를 맺지 못하게 하는 염려 바이러스를 퇴치할 수 있게 되기를 바랍니다.

〈정리〉

염려하지 말라는 것은 계획 없이 살라는 것도 아니고, 생각 없이 살라는 것도 아닙니다. 염려하지 말라는 것은 우리의 삶을 미래의 시간과 공간 속에 "혹시" 있을 그런 "혹시 라는 것으로 가득 채우지 말라" 이 말씀입니다. 인간은 과거를 사는 존재도, 미래를 사는 존재도 아님니다. 인간은 현재를 사는 존재입니다. 현재를 값지게 보낼 때 미래가 달라지는 것이지, 미래에 대해서 염려한다고 해서 달라지는 것은 아닙니다. 주님께서 "염려하지 말라"고 명령하셨습니다. 이 명령에 어린 아이처럼 단순하게 순종하시길 바랍니다. 그러면 인생이 훨씬 기뻐집니다. 염려는 백해무익합니다. 염려는 믿음 없는 세상 사람들이 하는 것입니다. 믿음의 사람들은 하나님께서 내일, 오늘 우리에게 필요한 모든 것 공급해주실 것을 믿기 때문에 더 이상 염려하지 않습니다. 오늘까지 인도하신 하나님, 내일도 인도해주실 줄로 믿습니다. 우선순위 체계를 바로 세우시기를 바랍니다. 오늘의 짐만을 지고 살아가시기를 바랍니다. 사도바울은 빌립보 교회를 향해 말씀합니다. "아무 것도 염려하지 말고 오직 모든 일에 기도와 간구로 너희 구할 것을 감사함으로 하나님께 아뢰라. 그리하면 모든 지각에 뛰어난 하나님의 평강이 그리스도 예수 안에서 너희 마음과 생각을 지키시리라." 아멘~ 아멘. 여러분, 이 말씀을 진정으로 믿으시길 바랍니다. 염려하지 말고 기도와 간구로 감사함으로 하나님께 아뢰기만 하면 하나님이 필요한 것 평안과 위로로 우리를 인도해주실 줄로 믿습니다. 염려 바이러스를 물리침으로 여러분 삶 속에 풍성한 열매를 맺어가는 춘천 중앙의 믿음의 공동체 성도들 되시기를 주님의 이름으로 간절히 축원을 드립니다. 기도하시겠습니다.

〈기도〉

하나님, 오늘 말씀 앞에서 우리의 모습을 거울에 비춰보듯 볼 수 있게 해주시니 감사합니다. 인생과 신앙이 어떤 열매를 맺었는지, 열매를 맺지 못하는 염려 속에 싸여 있는지 스스로 깨닫게 해주시오니 감사합니다. 염려를 하지 말라고 명령하신 주님! 그 주님의 명령에 단순하게 순종하여 우선순위 체계를 바로 세우고, 오늘의 짐 만을 생각하고 나아갈 때 우리에게 필요한 힘과 능력과 지혜를 주시는 하나님을 믿으며, 염려를 버리고, 열매 맺는 승리하는 신앙의 삶을 사는 우리들 다 되게 하여 주시옵소서. 예수 그리스도의 이름으로 간절히 기도드리옵나이다. 아멘.

분노를 제거하라

에베소서 4:26-27, 야고보서 1:20

존 헌터(John Hunter)라는 유명한 생리학자가 있었습니다. 그는 분노와 사람의 수명의 상관관계를 연구했습니다. 오랜 연구 끝에 이러한 결론에 도달합니다. "화를 내는 것, 분노한다는 것은 사람의 생명을 앗아가는 극약이다. 그러므로 남을 화나게 하는 것은 곧 그 사람을 죽이는 행위다." 그는 이 사실을 의학협회에 보고할 기회를 얻었습니다. 그는 자신만만한 태도로 연구논문을 발표했습니다. 그러자 한 의사가 일어나 그의 논문에 대해서 매우 신랄하게 비난을 퍼부었습니다. 그는 자신을 비난하는 사람을 향해 고함을 질러대며 맞섰습니다. 그러다 분노를 참지 못하고 그 자리에서 쓰러져 죽고 말았습니다. 분노와 증오가 사람을 죽일 수도 있다는 사실을 자기 스스로 증명한 셈입니다.

이처럼 우리는 분노한다는 것, 노를 발한다는 것이 우리 건강에 얼마나 좋지 않은가를 잘 알고 있으면서도 이 문제를 효과적으로 극복하지 못합니다. 우리 일상생활에서 번번이 행해지는 "분노"에 대해서 말씀을 살펴보고자 합니다.

1. 분노-죄입니까? 아닙니까?

화를 낸다는 것이 죄입니까? 아닙니까? 이쪽은 죄라 그러고 이쪽은 아니라 그러는데 참 애매하지요? 먼저 분노라는 것이 뭔가 생각해봅시다. 분노가 무엇입니까? 찰스 R. 스윈돌(Charles R. Swindoll)목사가 쓴 〈3보 전진 2보 후퇴〉라는 책에는 분노가 이렇게 정의되어 있습니다. "분노란 우리 자신이나 또는 다른 사람들에게 개인적인 불쾌함을 가져다주는 적대적인 감정적 반응이다." 좀 어렵지만요. 한마디로 말하면 분노라는 것도 "하나의 감정적인 반응이다" 그런 이야기입니다. 그러면 분노가 죄입니까? 아닙니까? 감정적인 반응을 죄라고 할 수 있겠습니까? 감정적인 반응을 하지 않으면 그 얼굴이 어떻게 되겠습니까? 그려놓은 얼굴이지 살아있는 얼굴이 아닐 것 입니다. 이 정의를 보면 분노라는 것을 죄라고 말하기에는 부족한 것 같습니다.

그렇다면, 분노해도 괜찮다는 말입니까? 오늘 본문 야고보서 1장 20절은 말씀합니다. "사람의 성내는 것이 하나님의 의를 이루지 못한다." 하나님의 의를 이루지 못하게 하는 요인 중에 하나가 분노라는 것인데, 그렇다면 분노는 분명 죄입니다. 그럼 또 여쭤봅니다. 죄가 맞습니까? 아닌 게 맞습니까? 처음엔 죄라 그러고 아니라 그러고 다음엔 죄라고 그러는데 간단히 말하면 둘 다 맞습니다.

분노는 경우에 따라서 죄일 수도 있고, 그렇지 않을 수도 있습니다. 실제로 구약의 경우에만 해도 '주님의 분노' 라는 단어가 열 여덟 번 이상 기록되어 있습니다. 신약에서도 예수님께서 분노하시는 모습을 여러 차례 목격할 수 있습니다. 예수님께서는 돈 바꾸는 사람들이 성전에 있는 것을 보시고는 가죽 끈을 묶어 채찍을 만들어 그들을 성전에서 몰아내셨습니다. 채찍을 휘두르는 것이 분노하는 모습입니까? 자비로운 모습입니까? 아무도 자비로운 모습이라고 이야기하지 않을 것입니다. 마태복음 23장에서는 당시의 종교적인 위선자들을 향해서 "너희에게 화 있을진저"라고 말씀하시면서, '회칠한 무덤' '뱀들' 이렇게까지도 부르기도 하셨습니다. 이는 예수님께서는 분명히 분노하셨음을 뜻합니다. 그러므로 분노한다고 해서 무조건 죄라고 이야기할 수 없습니다.

1)어떤 경우는 분노가 죄가 되고 어떤 경우는 죄가 되지 않는 것일까요? 오늘 그 문제를 먼저 정리해 보려고 합니다.

분노가 죄가 되는 경우

① 시샘 때문에 자기의 뜻대로 되지 않는다고 노하는 것이 죄입니다.

누가복음 15장에는 탕자의 비유가 나옵니다. 둘째 아들은 아버지 살아생전에 자기 몫에 해당하는 유산을 달라고 해서 집을 나갔어요.

유대 관습이나 우리의 관습이나 아버지 살아생전에 유산에 대해서 언급한다는 것 자체가 정서상으로 불효에 해당합니다. 그런데 둘째 아들은 굳이 아버지에게 자기 몫의 유산을 달라고 해서 아버지의 어떤 영향력이 미치지 않는 먼 곳으로 가서 잘 살았으면 오죽 좋았겠습니까? 잘 살지 못하고 허랑방탕한 생활을 하면서 모든 재산을 다 탕진했습니다. 돈 있을 땐 주의에 사람이 많았지만 돈 다 탕진하고 나니깐 잘 곳도 없었습니다. 먹을 것도 없었습니다. 돼지나 먹는 쥐엄 열매를 먹으려고 했지만 여의치가 않았습니다. 이때 둘째 아들이 아버지를 생각했습니다. 아버지 집에 일이 많아서 품꾼도 많은데 내가 아버지의 뜻을 거스르고 나온 주제에 아들의 자리를 복귀하는 것은 염치없는 일이지만, 품꾼의 하나로 나를 써달라고 하면 될 것 아니냐. 그렇게 결심하고 아버지 집으로 갑니다. 집에 돌아온 둘째 아들은 뜻하지 않은 환영을 받습니다. 아버지는 잔치를 베풀어 주었습니다.

이때 밭에서 일을 하던 큰아들이 집에 돌아와서는 풍류와 춤추는 소리를 듣고 종을 불러 이유를 물었습니다. "어찌 집에서 이렇게 풍류 소리가 나고 잔치 소리가 나느냐" 이랬더니, 이 종이 뭐라고 이야기합니까? "둘째 아들이 돌아왔는데 아버지가 너무 너무 즐거우셔서 소를 잡고, 염소를 잡고 잔치를 베풀고 있습니다." 이 종의 자초지종을 들은 큰아들의 반응은 어떻습니까? 누가복음 15장 28절을 보니까, "저가 노하여 들어가기를 즐겨 아니했다" 너무 화가 나서 집으로 들어가려고 하지 않았다는 이야기입니다. 왜 그랬을까요? 큰아들은 아버지가 그렇게 못되게 살다가 돌아온 둘째 아들을 환대해서 잔치를 베풀어주는 것이 못마땅했습니다. 자신에게는 소 한 마리 양 한 마리 잡아주지 않았던 아버지가 그렇게 아버지의 뜻을 거스르고 마음대로 살다가 돌아온 동생에게 잔치를 베풀어 주는 것을 보면서 나보다 둘째 아들을 더 사랑한다는 시샘이 들었고, 그렇게 살다 돌아왔으면 마땅히 야단을 쳐야지 잔치는 무슨 잔치. 큰아들은 자신의 뜻대로 대하지 않는 아버지에 대해서 몹시 흥분했습니다.

이처럼 용서하지 못하고 분을 품는 것 죄입니다. 우리는 흔히 뭐라고 이야기 합니까? 죄는 미워해도 누구는 미워하지 말라고요? 사람은 미워하지 말라. 여러분 '죄는 미워하되 사람은 미워하지 말라' 이런 말 듣고 많이 하기도 하는데 정말 죄만 미워합니까? 말 뿐일 때가 있지 않습니까? 죄를 지은 사람까지도 함께 미워하지 않습니까? 죄 지은 사람이 편안한 것 보면, 죄지은 사람이 잘 되는 꼴을 우리는 볼 수 없어, 용납할 수 없습니다. 죄 지은 사람은 무조건 벌을 받고 죄를 지으면 무조건 나보다 잘 못사는 것 이게 정상인데 죄지어 놓고 더 잘 살고 떵떵거리는 거 보면 괜히 화가 나지 않습니까?

구약에 대표적인 경우가 나오지요. 누구입니까? 요나입니다. 요나는 하나님께서 니느웨 성으로 가라는 명령을 받았습니다. 하지만, 그는 니느웨 성 사람들이 회개하고 돌아와 하나님의 징벌을 피하는 것을 원치 않았습니다. 가서 회개하라고 외쳐서 진짜 회개하면 겁나니깐 '그 사람들은 마땅히 벌받아야 되요. 심판받아야 되요.' 그런 생각을 가지고 다시스로 갑니다. 그러나, 하나님께서는 끝내 요나를 니느웨로 보내셨습니다. '회개하라 회개하지 않으면 하나님의 심판이 있다.' 그런데 요나의 선포를 들은 니느웨 사람들이 회개했어요. 요나의 마음속에는 '내가 회개하라고 한데서 저들이 회개할까? 또 회개한들 하나님이 용서할까?' 이런 생각이 있었는데 그런데 회개했어요. 하나님께서 심판을 면하게 해주셨는데, 요나는 하나님께서 니느웨 성을 심판하지 않는 것을 보시고 '심히 싫어하고 노했다.' 성경은 말씀하고 있습니다.

탕자의 형의 경우나 요나의 경우 무엇이 그들로 하여금 범죄케 했습니까? 분노함으로써 그들을 범죄케 한 원인이 무엇입니까? 자기 뜻대로 자기 생각한 대로 일이 진행되지 않았기 때문입니다. 자기 뜻대로 일이 진행되지 않는다고 노하는 것은 바로 죄라는 사실을 기억하시기를 바랍니다. 내 생각에는 죄지으면 이렇게 벌 받아야 되는데 멀쩡하게 삽니다. 이렇게 내 뜻대로 되지 않았다고 생각하는 건 분명히 죄입니다.

② 통제되지 않은 분노는 죄가 됩니다.

잠언 16장 32절은 이렇게 말씀합니다. "노하기를 더디 하는 자는 용사보다 낫고 자기의 마음을 다스리는 자는 성을 빼앗는 자보다 나으니라." 노하기를 더디 한다는 것이 무엇을 뜻합니까? 감정을 다스릴 줄 안다는 이야기입니다. 사실 이것 만큼 중요한 것은 없습니다. 아무리 많은 사람들을 다스리는 사람이라고 할지라도 자기 자신을 다스릴 줄 모르면 크나큰 손실을 보게 되는 경우가 많습니다.

그리스 제국의 최고의 통치자 알렉산더 대왕이 있습니다. 당시 세상을 정복한 사람이었습니다. 그는 세상을 정복하고 나서 자신의 장막에 가서 "더 정복할 땅이 없구나!"하면서 슬피 울며 통곡할 정도였습니다. 배포가 크다 그렇게 말해도 틀린 말은 아닙니다. 그런데 하루는 알렉산더의 아주 가까운 친구이며 부하 장군인 클레투스가 술을 마시고 취해서, 자기 부하들 앞에서 왕인 자신을 조롱하는 것을 들었어요. 알렉산더는 화가 나서, 옆에 있던 병사의 창을 움켜잡고 달려들었습니다. 사실 잠시 겁을 주려고 달려갔는데 잘못 피해서 그 창은 클레투스를 그 자리에서 죽게 만들었습니다. 어렸을 때부터 죽마고우로 중요한 전투마다 자기를 도와주던 클레투스였습니다. 알렉산더는 수많은 도시와 나라들을 정복해 왔지만, 정작 자신의 마음을 정복하는 데 실패하고 말았습니다. 자기 자신을 다스릴 줄 아시기를 바랍니다. 분노는 통제되어야 합니다. 통제되지 않을 때, 우리도 주체할 수 없는 크나 큰 과오를 범할 수 있게 된다는 사실을 기억하시기를 바랍니다.

③ 분노는 빨리 해결되지 않으면 죄가 됩니다.

"해가 지도록 분을 품지 말라"고 했습니다. 그건 제 이야기가 아니라 무슨 이야기요? 성경 말씀입니다. 오늘 본문 말씀입니다. '해가 지도록 분을 품지 말라.' '해가 지기 전에 화나는 일 있으면 화를 풀어라' 그런 이야기입니다. 그 날이 지나기 전에 분노를 해결하라는 이 말씀입니다. 그 날이 지나기 전에 해가 지기 전에 "해가 지도록 분을 품지 말라" 부부싸움하고 나서 오해로 인해 화가 날 때도 있습니다. 순전히 오해인데도 불구하고 오해 때문에 며칠 동안 말 안하고 사는 -

사람이 아닌 얼굴 하고 쳐다보는데 여기도 있어요 - 그런 사람들은 뭐가 잘못됐다고요? 해가 지도록 분을 품지 말라 하나님의 말씀에 어긋납니다. 신앙의 성도들은 하나님의 말씀과 합한 삶을 살아야 합니다.

오늘 이후로 이제까지 몰라서 그런 건 다 하나님께서 용서해주실 줄 믿고 오늘 이후로 그 말씀을 유념하면서 사시길 바랍니다. 사실 부부싸움을 하는 걸 보면 뭐 대단한 것 같고도 싸우지만, 아무것도 아닌 것 같고도 싸우죠. 사소한 일로 싸우고 나서 말 안 하기 시작하면 그 때부터 계속 서운 한 거 옛날 생각 하나의 행동 이런 것이 쌓이고 쌓여서 결국은, 심각해지고 용서하고 싶은 생각도 싹 사라지고, 이해하고 싶은 생각도 싹 사라지고, 점점 더 분노가 커집니다. 분노는 며칠만 가지고 있으라고요? 해지기 전에 하루를 넘기지 말라는 것입니다. 그 하루는 넘기면 이것을 뭐라고 해요? 분노를 하루이상 넘기면 뭐가 된다고요? 죄가 됩니다.

2)분노가 죄가 되지 않는 경우는 어떤 경우입니까?

다시 말해서 정당화될 수 있는 분노에는 어떤 경우가 있습니까? 찰스 R 스윈돌 목사는 세 가지를 말합니다.

① 첫째는 하나님의 백성들에 의해 하나님의 말씀과 하나님의 뜻이 고의로 불순종 되었을 때입니다. 그 예로 금송아지 사건을 들 수가 있습니다. 모세가 산에서 더디 내려오자, 백성들은 아론을 협박하면서 금송아지를 만들자고 제안합니다. 그리고는 자신들이 가지고 있는 금을 모두 모아 금송아지를 만들고 그 곁에서 춤을 추며, "이것이 우리

를 애굽 땅에서 인도해 낸 신"이라며 뛰놉니다. 이런 일이 있을 것이라고는 전혀 생각하지 못한 모세는 백성들이 금송아지 주위에서 행하는 모습을 보고는 참을 수가 없었습니다. 그는 노골적으로 분을 내었습니다. 그렇습니다. 믿는 사람들이 하나님의 말씀과 뜻에 고의적으로 불순종한다면, 우리는 그 모습을 보면서 분을 낼 수 있어야 합니다. '뭐 그럴 수도 있지!' '다 그런 거지!' 이건 대수롭지 않게 넘겨서는 안 됩니다. 예수님께서도 돈 바꿔주는 사람이 성전 안에 있는 것을 보면서 화를 내셨던 이유도 믿는 사람들에 의해서 하나님의 뜻이 왜곡되는 모습을 보았기 때문입니다.

때로 성도들 중에는 목자들이 설교시간에 자신의 잘못을 지적한다고 해서 마음 상하는 분들이 있습니다. 그런데 그럴 필요가 없습니다. 여러분, 현대 교인들이 뭘 좋아하는지 아십니까? 일주일 동안 세상 사는 게 힘드니깐 교회 오면 위로 받고 격려 받고 힘을 얻는 것 좋아합니다. 물론 그렇게 해야 합니다. 그러나 그것 만이 전부가 아닙니다. 일주일 살아왔던 삶을 말씀의 거울에 비추어서 잘못된 것 고치고 바로잡는 것 이것도 설교의 중요한 기능 가운데 하나입니다. 어느 교회나 마찬가지입니다. 때론 이런 오해를 하는 경우 있습니다. 저희 교회에서 이런 오해를 하시는 분이 있을 수 있습니다. 목사님이 설교시간만 되면 나를 교인들의 표현을 그대로 빌리면 "나를 칠까?" 그럽니다. 그것도 한 달도 아니고 석 달 동안 "나를 칠까?" 이건 치는 게 아니라 여러분이 잘못된 것을 바로 잡으라는 주 성령의 역사임을 깨달으시길 바랍니다. 그렇게 받아들이세요.

물론 목회자도 사람이니깐 여기서 자기의 감정적인 걸 섞어서 설교하는 경우도 아주 없다고 할 수는 없겠지만 할 수만 있다면 그렇게 하지 않습니다. 그렇게 해서도 안 되고요. 왜 그렇습니까? 내 생각, 내 기준, 내 판단이 중요한 것이 아니라, 말씀을 통해서 하나님의 뜻을, 내 삶 속에 바로 세우는 것이 중요하기 때문입니다. 격려만 좋아하고 위로만 좋아하는 그런 사람들, 여러분 세상이 험하지 않습니까? 때로는 우리가 잘못된 것 고치고 약한 것 강하게 세워서 세상에 신앙을 대적하는 세력과 싸워 이겨야 되는데 이건 너무 위로만 좋아하고 격려만 좋아하니깐 싸움을 할 줄 몰라 쉽게 세상을 포기하고 쉽게 자기를 주저앉고 이건 아닙니다. 여러분의 잘못된 모습이 고침을 받고 하나님의 사랑을 받는 것이 낫지 않습니까? 그러므로 나의 잘못된 신앙 태도가 지적받는다 해도 크게 낙심하지 말고 믿음을 바로하시는 기회가 되시기를 바랍니다.

② 둘째는 하나님의 원수들이 자기들의 권한 밖에 있는 지배권을 취할 때입니다. 쉽게 말씀드리면 이런 경우입니다. 이제까지 신앙생활 잘 해왔습니다. 그런데 어느 순간 이단에 빠졌어요. "그럴 수 있지" 이게 아닙니다. 그때는 화를 내야 합니다. 그 사람을 조종하고 있는 사단의 세력에 대해서 분노할 수 있어야 합니다. 왜요? 천국가야 할 귀한 영혼이기 때문입니다. 모른 척 하고 있어서는 안 됩니다. 우리를 지배할 수 있는 권한은 하나님께만 있는데, 그 권한이 사단의 세력으로 넘어가려고 하는 순간이라면 우리는 단호하게 분노할 줄 알아야

합니다.

③ 셋째 정당화될 수 있는 분노의 경우는 부모들이 그 자녀들을 잘 못다룰 때, 불공평하게 다룰 때입니다. 에베소서 6장 4절은 "너희 자녀를 노엽게 하지 말라"고 말씀하고 있습니다. 또한 골로새서 3장 21절은 "아비들아 너희 자녀를 격노케 말지니 낙심할까 함이라"고 말씀하고 있습니다. 우리 부모들은 종종 인내를 잃어버리고, 절제를 잃어버리고 우리의 자녀들을 잘 못 대할 때가 많습니다. 그럴 때는 아이들이 분노하게 되어 있습니다.

여기서 중요한 것이 있습니다. 설사 정당화될 수 있는 분노가 있다고 하더라도 가능하다면 분노 때문에 죄를 범하는 경우는 없어야 한다는 사실입니다.

2. 그렇다면 분노를 어떻게 다스리며 어떻게 제거할 수 있습니까?

먼저 분노를 다스리기 위해서는 잠언서가 가르치는 세 가지 가르침에 귀를 기울일 필요가 있습니다. 첫째, 사소한 의견 차이는 무시하기를 배워야 합니다. 잠언 19장 11절은 말씀합니다. "노하기를 더디 하는 것이 사람의 슬기요, 허물을 용서하는 것이 자기의 영광이니라." 만약 의견상의 불일치가 있다면 노하기를 더디 해야 합니다. 성급한 판단은 금물입니다. 그런 일로 싸우지 말고 "아! 저 사람과 내가 생각이 다를 수가 있다" 그렇게 인정하고 넘어가면 됩니다. 이걸 좀 잘 아셔야 합니다. 의견이 다르다고 쫓아다니면서 까지 화내며 싸우지 말라는 이야기입니다. 인정하고 넘어가라는 이야기입니다.

둘째, 화를 잘 내는 사람과 가까이 지내지 말아야 합니다. 제가 이렇게 이야기하면 여러분 저한테 "목사가 되가지고 그런 이야기 하면 되겠느냐" 이렇게 말씀할 수도 있어요. 이 이야기는 제 이야기가 아니라 잠언 22장 24절로 25절은 다음과 같이 말씀합니다. "노를 품는 자와 사귀지 말며 울분한 자와 동행하지 말지니, 그 행위를 본받아서 네 영혼을 올무에 빠칠까 두려움이니라." 제 이야기가 아닙니다. 여러분 노한 사람과 자주 만나면 자신도 노하게 됩니다. 화난 사람과 같이 있다간 자기도 화나게 됩니다. 아니 당신을 위로해 줄려고 옆에 있는데 왜 나한테 화내 이러면서 같이 화를 냅니다. 노를 품고 화가 났을 때는 혼자 풀어지게 내려버려 두세요.

셋째, 혀를 다스릴 줄 알아야 합니다. 잠언 15장 1절 말씀입니다. "유순한 대답은 분노를 쉬게 하여도 과격한 말은 노를 격동하느니라." 여러분, 다 경험 했을 것입니다. 사실 자신도 화낼 생각은 전혀 없었는데, 말을 꺼내놓고 보니까, 언성이 높아지면서 화를 내게 되는 경우 있지요. 늘 차분차분하게 말을 하려고 노력하다보면 화를 내는 경우도 차츰 차츰 줄어듭니다.

이처럼 사소한 의견 차이를 무시하는 법을 배우고, 화를 잘 내는 사람과 가까이 지내지 않고, 혀를 다스림으로써 분노를 다스리거나 제거한다 하더라도 그것으로는 충분하지 않습니다. 켄사스 가든 시티의 모퉁이돌 교회의 켄트 크로켓(Kent Crokett) 목사는 분노가 친절과 부드러운 심령으로 교체되어야 한다고 말합니다. 에베소서 4장 31절로 32절 이렇게 말씀합니다. "31절 너희는 모든 악독과 노함과 분냄과 떠드는 것과 훼방하는 것을 모든 악의와 함께 버리고 32절 서로 인자하게 하며 불쌍히 여기며 서로 용서하기를 하나님이 그리스도 안에서 너희를 용서하심과 같이 하라" 모든 악독과 노함과 분냄과 떠드는 것과 훼방하는 것을 버리고 어떻게 하라고 말씀하고 있습니까? 인자하게 하며 불쌍히 여기며 서로 용서하라고 말씀하고 있습니다. 바로 여기에 진리가 있습니다. 분노하는 것을 중단하는 것으로 끝나는 것이 아닙니다. 상대방에게 화를 낸 것을 '잘못했어!' 라는 이말 한 마디로 마무리 되는 것이 아니라 우리는 한 단계 더 나아가 친절로 대하고 부드러운 심령으로 대해야 합니다. 용서를 받기보다 먼저 용서하려고 해야 하고 이해받기보다 먼저 이해하려고 해야 합니다. 이러한 방법이 누가 한 방법입니까? 바로 우리 주님께서 하신 방법입니다. "하나님이 그리스도 안에서 너희를 용서하심과 같이 하라."

이탈리아의 성인 가운데 프란체스코라는 사람이 있습니다. 이분이 본 것과 똑같은 걸 어릴 때 봤는데 이분은 그걸 보고서 교훈을 남기고 나는 아무 생각 못했다는 것이 차이가 있습니다. 어느 날 우물에서 물 긷는 여자의 특이한 점을 보았습니다. 여자는 물통에 물을 붓고 어깨에 메는데 물통에다가 나무 조각을 띄웠습니다. 옛날에 우리 어른들이 물동이 이고 갈 때 뭐 띄웠어요? 바가지 띄웠어요. 서양에는 바가지 대신에 나무를 띄우고 우리는 바가지를 띄웁니다. 저도 바가지 띄운 거 봤어요. 프란체스코가 묻습니다. "나무 조각은 왜 띄웁니까?" 프란체스코가 묻자 여자가 말했습니다. "물통이 흔들려도 물이 넘치지 않게 하려는 것이랍니다." 나무 조각이 있으니깐 물이 넘치지 않아요. 프란체스코는 이것을 보고 배운 것이 있습니다. 이분은 이게 다릅니다. "분노가 당신의 마음에서 넘쳐 나려고 할 때 주님의 십자가를 띄우십시오." 얼마나 은혜로운 말입니까? 이 말이 여러분 마음속에 간직되는 말씀이 되시기를 바랍니다.

우리가 어릴 때 어른들 물동이에 바가지 띄우는 것처럼 내 속에 분노가 나타나기 시작하면 무엇을 띄워야 합니까? "주님의 십자가를 띄워라" 이 이야기는 무엇입니까? "주님을 마음속에 모시라" 그런 이야기입니다.

주님을 마음속에 모신다는 것이 무엇을 뜻합니까? 성령님의 지배를 받으라는 말씀입니다. 갈라디아서 5장 23절에는 성령의 열매로서 절제가 나오는데, 그것은 우리가 성령 안에서 동행하면 분노가 우리를 지배하지 않는다는 이 말씀입니다. 성령의 지배를 받으시길 바랍니다. 분노를 제거할 수 있습니다. 또한 성령의 지배를 받게 되면, 성령의 띠로 우리 모두가 하나가 됩니다. 가족이 하나가 됩니다. 직장의 동료가 됩니다. 말로 하나가 되는 것이 아닙니다. 성령의 역사가 우리 가운데 함께 할 때 늘 성령의 인도하심에 따라 살아감으로써 분열케 하는 분노의 불씨를 끄고 하나 되어 성령의 역사를 일으키는 성도들이 되시기를 바랍니다.

〈정리〉

사람은 누구나 분노할 수 있습니다. 분노는 죄일 수도 있고 죄가 아닐 수도 있습니다. 분을 품더라도 죄를 범해서는 안 됩니다. 시샘 때문에 분노하는 일은 없도록 하시기 바랍니다. 내 뜻대로 되지 않는다고 분노하면 죄를 범하게 됩니다. 마음을 다스림으로써 분노를 통제할 수 있기를 바랍니다. 설사 분노가 일어난다 하더라도 속히 해결할 수 있기를 바랍니다. 절대로 하루를 넘기지 마시길 바랍니다. 자녀들 간에, 부부 간에 사소한 오해로 분노를 품고 살고 있지는 않습니까? 허심탄회하게 대화를 시작함으로써 오해를 풀고 분노를 누그러뜨리며 화평을 되찾을 수 있기를 바랍니다.

다만 성도들은 마땅히 분노해야 할 때는 분노해야 합니다. 무엇보다 하나님의 뜻에 고의로 불순종하는 사람이 있다면 분노하십시오. 알면서도 예수 안 믿고 마음대로 사는 자녀들이 있다면 죄송하지만 분노하는 것이 신앙의 부모로 당연한 것입니다. 사단의 지배력이 확장되고 있다면, 분노하십시오. 이런 분노가 있어야 영혼 구원에 대한 열정을 가질 수 있습니다.

무엇보다 분노를 다스리며 제거하시기를 바랍니다. 사소한 차이를 인정하고, 화를 내는 사람을 가까이 하지 말며, 혀를 다스릴 줄 알아야 합니다. 무엇보다 분노하지 않는 것으로 만족하지 말고 분노를 친절과 부드러운 심령으로 교체할 줄 아는 성도들이 되시기를 바랍니다. 분노를 효과적으로 다스리고 제거함으로써 모든 사람과 화평을 이루며 사는 성도들이 되시기를 주님의 이름으로 간절히 축원합니다.

김기홍 목사

성균관대학교, 장로회신학대학교, 미국 텍사스크리스천대학교를 졸업하고 드
류대학교 대학원에서 박사학위를 받고 시카고대학교에서 박사 과정을 마쳤다.
휘튼대학교 빌리그래함센터 초빙교수, 풀러신학대학 객원교수, 아세아연합 신
학대학교 교수를 역임하고 현재 분당 아름다운교회 담임목사이시다.

헌신의 향기

요한복음 6:1-13

하나님이 가장 기뻐하시는 일이 무엇일까요? 많은 헌금일까요? 힘 다하는 봉사일까요? 예배 열심히 참석하는 일일까요? 이웃 사랑일까요? 모두가 헌신하는 것으로 좋은 일입니다. 하지만 그 이상이어야 합니다. 하나님을 사랑하기에 그 일을 해야 합니다. 그러면 하나님은 그 사랑을 받으시고 그 다음에 헌신을 받으십니다. 헌신도 사랑의 헌신 말입니다.

남편과 아내가 서로를 위해서 봉사합니다. 그러나 의무적으로 하는 경우도 많습니다. 아이들을 위해서 그냥 산다고 하면 이미 사랑은 없습니다. 그러면 아내는 진수성찬을 차려 주고 남편은 돈을 많이 주어도 기쁨은 없습니다. 차라리 소박한 음식이라도 작은 선물이라도 사랑이 실리면 기쁨이 솟습니다. 이 사랑이 삶에 생기를 부어주는 것입니다.

이 사랑에서 향기로운 헌신이 나옵니다. 부부간에 또는 자녀를 향한 사랑이 감동적인 헌신을 만듭니다. 헌신은 히브리어로 헤렘이라고 합니다. "바쳐진 것"이란 의미입니다. 하나님께 바쳐지면 물건이건 사람이건 거룩합니다. 하지만 하나님을 기쁘시게 하는 헌신은 사랑에서 나옵니다. 하나님은 사랑을 보고 사람을 받고 사람을 받은 뒤에 헌신을 받습니다.

1. 사랑은 헌신한다

아담의 두 아들이 하나님께 제사 드립니다. 오늘날의 예배입니다. 하나님이 기뻐하시는 일입니다. 그 과정에서 둘이 제물을 드렸습니다. 형은 곡식을, 동생은 양을 드렸습니다. 하나님은 아벨이라고 불리는 동생의 제물만 받으셨습니다. 왜 그럴까요? 아벨은 하나님을 사랑했어요. 하나님은 먼저 사람을 받은 다음에야 그의 예배도 제물도 받으십니다.

형 에서는 착각합니다. "저 녀석이 없으면 하나님이 내 제사를 받으실 텐데. 그리고 복을 주실 텐데." 하나님은 사랑 없는 제물을 받지 않습니다. 사랑이 없음을 보면서 예물을 받겠어요? 사람부터 받고 예물을 받는 겁니다. 에서가 하나님을 사랑하지 않았음은 하나님이 예물을 거절한 점이 증명합니다. 그리고 동생을 속여서 죽인 걸 보면 알아요.

어느 날 예수께서 성전 연보궤 앞에 서 계셨습니다. 지금도 연보궤 앞에 예수께서 서 계신다고 생각하며 헌금하시기 바랍니다. 많은 사람들이 옵니다. 돈 많은 사람은 많은 헌금을 합니다. 예수는 아무 말도 하지 않으셨습니다. 한 과부가 왔습니다. 동전 두 닢을 놓습니다. 그때 예수는 큰 소리로 외쳤습니다. "아멘." 하나님이 받으시는 연보였습니다.

만약 금액만 보았더라면 그러지 않으셨을 것입니다. 전혀 교회 일에 도움이 되지 않는 액수입니다. 하지만 과부의 신앙을 보신 것입니다. 하나님을 사랑해서 무언가 드리고 싶습니다. 그래서 양식 살 돈을 전부 넣습니다. 이렇게 해서 과부는 이틀 동안 아무 것도 먹지 못할 것입니다. 하나님은 과부의 헌신을 기뻐하십니다. 그 향기를 맡으십니다.

그 동전이 무엇인가요? 하나님이 받은 사람이 드린 헌금입니다. 그 동전 때문에 다른 모든 헌금이 거룩해집니다. 기뻐하시는 하나님이 과부를 굶게 하겠습니까? 굶더라도 과부는 오히려 감사합니다. "나는 먹기보다 하나님께 드리는 것이 더 좋습니다." 과부는 이렇게 거룩한 존재가 됩니다. 다시 말해서 하나님의 소유요 사랑 받는 자가 됩니다.

왜 하나님께 드리지 않고는 못 배기나요? 자신이 굶더라도 말입니다. 아마 아이가 딸렸을지도 모릅니다. 그 아이도 굶을 것입니다. 그래도 하나님을 사랑하는 사람은 하나님께 드립니다. 오늘도 먼 곳에서부터 온 분들이 계십니다. 하나님을 사랑하면 아무리 멀어도 교회에 옵니다. 자신을 하나님께 드림은 하나님을 사랑하지 않고는 할 수 없어요.

이라크에서 죽은 우리 청년이 있었지요. 무지막지한 회교 광신도들에게 잡혔을 때 얼마나 무섭고 얼마나 외로웠겠어요? 그러나 그가 하나님을 사랑했다면 아무리 무서워도 순교할 것을 작정했을 것입니다. 아니, 하나님을 사랑하고 있음을 느낄 때 이미 두려움은 사라집니다. 스데반이 순교할 때 두려워하지 않았습니다. 그만큼 사랑했던 것입니다.

"사랑 안에 두려움이 없고 온전한 사랑이 두려움을 내어 쫓나니 두려움에는 형벌이 있음이라 두려워하는 자는 사랑 안에서 온전히 이루지 못하였느니라."(요일 4:17) 무엇이건 두려운 게 있나요? 사람인가요? 병인가요? 장래인가요? 당신은 헌신할 대상을 잘못 잡았습니다. 하나님을 사랑한다면 거기 헌신합니다. 모든 두려움은 사라지고 힘이 일어납니다.

2. 사랑은 부어졌다

성경은 명령합니다. "너는 마음을 다하고 성품을 다하고 힘을 다하여 네 하나님 여호와를 사랑하라."(신 6:5) 그러면 모든 게 제대로 된다는 말입니다. 그러나 사랑이 어찌 강제로 됩니까? 싫은 사람을 보고 말해보세요. "나를 사랑해라. 안 하면 죽이겠다." 그런다고 사랑이 나오나요? 그런데 하나님은 그렇지 않습니다. 사랑하려고 결심하면 됩니다.

누구든지 사람들에게는 사랑이 있습니다. 사랑 없는 사람은 없어요. 사랑이 꺼지면 그 시간이 죽는 시간입니다. 죽어가는 사람도 사랑이 있어요. 부모는 자식을 마지막으로 볼 때까지 죽지 못합니다. 몸이 완전히 망가진 사람도 며칠이건 자식이 올 때까지 살아있습니다. 사랑이 도저히 살 수 없는 사람도 살아있게 하는 것입니다. 사람은 사랑입니다.

그러나 그 사랑의 방향이 잘못된 것이지요. 돈을 사랑하고 헛된 명예를 사랑합니다. 인간적인 사랑을 사랑합니다. 사람들이 울고 웃고 하는 이유가 다 여기 있습니다. 사랑의 목표를 하나님으로 향해 보세요. 그러면 모든 게 달라집니다. 그러므로 "너와 네 자손이 살기 위하여 네 하나님 여호와를 사랑하고 순종하라. 그는 네 생명이시라"고 하십니다.

사랑하는 사람들은 가만히 있지 않습니다. 무엇인가 합니다. 하나님을 향해서 외칩니다. "나의 힘이 되신 여호와여 내가 주를 사랑하나이다." 그리고는 하나님께 자신을 드립니다. 예배를 기뻐하고요 말씀을 사랑합니다. 하나님이 좋아하실 일을 합니다. 이것이 헌신입니다. 헌신의 농도와 깊이가 곧 헌신입니다. 사랑은 헌신의 모습으로 표현됩니다.

남자만 5천명이나 되는 사람들이 예수를 사랑해서 따라왔습니다. 그러나 그들의 헌신은 따라오는 것으로 그쳤습니다. 하지만 한 소년은 그렇지 않았습니다. 그도 예수의 말씀을 들으려 먼 길을 걸어왔습니다. 어머니가 주신 점심을 먹지 않았습니다. 예수님이 배고프면 드리려고 가지고 있었습니다. 배가 고팠지만 그의 사랑은 배고픈 것을 넘어섭니다.

시간이 흘렀습니다. 주께서 음식을 찾습니다. 기다렸던 그는 가진 것을 드렸습니다. 작은 보리떡 다섯 개와 물고기 두 마리입니다. 한 사람 몫입니다. 주가 드시면 나는 굶습니다. 그러나 소년은 주를 사랑합니다. 기쁜 마음으로 음식을 드립니다. 이것이 헌신입니다. 헌신은 반드시 행동으로 표현됩니다. 행동하는 헌신의 양이 사랑의 양을 말합니다.

그때 기적은 일어납니다. 거기 있는 모든 사람이 그 음식을 먹게 됩니다. 조금씩 먹은 게 아닙니다. 먹고 남은 조각이 열 두 바구니에 찼습니다. 이것은 분명한 물질적 증거입니다. 생각이니 신화나 최면이 아닙니다. 주를 따라가는 사람은 세상에서 먹고 사는 문제도 해결이 됩니다. 그러나 주를 사랑하여 헌신하는 사람은 기적을 만드는 사람이 됩니다.

소년은 최상의 헌신을 했습니다. 하나님께 한 것입니다. 자녀에게 헌신하고 부부간에 합니다. 회사를 위해서도 합니다. 하지만 그것들은 그 자체로 끝납니다. 하나님을 향해 헌신하면 다른 헌신할 능력을 받습니다. 또한 교회를 위해 헌신하면 수많은 영혼이 살아납니다. 보리떡과 물고기로 이처럼 큰일 할 수 있나요? 하나님께 우선 드리세요.

3. 헌신은 살린다

이제 소년의 사랑으로부터 나오는 헌신을 보면서 우리는 도전을 받습니다. 우리에게 같은 말씀이 들려집니다. 성경은 명령합니다. "너는 마음을 다하고 성품을 다하고 힘을 다하여 네 하나님 여호와를 사랑하라."(신 6:5) 그러면 모든 게 제대로 된다는 말씀입니다. 사랑의 방향을 바로 해야 삶은 질서를 잡습니다. 그리고 헌신의 기적이 시작됩니다.

교우 중 한 분 이야기입니다. 누구인지 금세 알 것입니다. 복음적인 교회에서 신앙생활하기 위해서 일자리를 자리 잘 잡고 살고 있는 부산에서 서울로 옮겼습니다. 서울의 가회동에 거처를 구했습니다. 거기서 매일 새벽기도를 나옵니다. 모든 집회를 다 참석합니다. 잠은 두세 시간 밖에 못잡니다. 토요일마다 율동공원에 와서 3시간동안 전도합니다.

그 분한테 목사인 저도 엄청난 도전을 받고 있습니다. 스스로 물어 보세요. 나는 헌신하고 있는가? 나는 하나님을 사랑하고 있는가? 그렇다면 어떻게 헌신하고 있는가? 그 헌신이 하나님에 대한 사랑을 증명하고 있는가? 나도 아브라함처럼 100살에 나은 아들을 드릴 정도로 하나님을 사랑하고 있는가? 정말로 하나님을 향해서만 사랑을 집중하고 있는가?

물론 이 분 말고도 여러 분들에 대해서 감동하고 있습니다. 부서에서 이름 없이 봉사는 분들입니다. 전에 교수 생활 할 때는 학문적으로 신앙을 생각했습니다. 성경적으로 신학적으로 잘 하고 있다고 생각했습니다. 그러나 많은 분들의 하나님을 향한 뜨거운 사랑을 보면서 그 표현으로 나온 헌신을 보면서 옛 신앙은 어린아이였음을 깨닫습니다.

"하나님의 나라는 말에 있지 아니하고 오직 능력에 있음이라."(고전

4:20) 교회 일을 잘 알고 논리적으로 잘 말한다고 훌륭한 게 아닙니다. 내가 하나님 사랑하고 신앙 훌륭하다고 아무리 말로 해도 소용이 없습니다. 자신이 굶고 주께 자신의 음식을 드린 소년처럼, 며칠 동안 굶는 것을 마다하고 하나님께 바친 과부처럼 헌신의 능력이 보여야 합니다.

신자는 헌신으로 삽니다. 사람은 누구나 사랑이 있습니다. 내가 무엇을 가장 사랑하는지 점검하세요. 하나님이 아니라면 그 헌신은 대가를 보장 받지 못합니다. 영원한 힘도 없어요. 하나님만 사랑하겠다고 결심하세요. 그리고 헌신을 결심하세요. 삶의 질서가 생깁니다. 그리고 사람들을 사랑할 힘을 얻습니다. 모든 면에 헌신적인 사람이 됩니다.

추석 연휴 동안 그리고 이번 한 달 동안 전도 대상자들을 돌보시기 바랍니다. 먼저 간절히 기도하세요. 하나님이 해 주셔야 전도가 됩니다. 그리고 시간 내고 돈 들여 만나고 식사하고 선물도 보내세요. 하기 싫다면 다른 걸 사랑하고 있다는 증거입니다. 하나님을 사랑하세요. 그렇게 헌신하세요. 헌신의 향기는 나를 구하고 사람들을 구할 것입니다.

왕의 말

창세기 1:26-28

성경은 사람이 본래 세상의 왕으로 만들어졌다고 가르쳐줍니다. 왕의 말은 누구나 복종해야 합니다. 왕 자신부터 말입니다 그러므로 사람은 자신이 하는 말대로 삶이 펼쳐집니다. 불신자들이야 죄 가운데 있으니까 불신앙의 말만 하겠지요. 그래서 망해갑니다. 하지만 신자는 그럴 수 없어요. 왕 수준의 말을 해야 합니다. 그래야 왕의 삶이 되지요.

세상에서도 사람의 말이 운명을 결정합니다. 상황이 나빠서 나쁘게 말하면 더 나빠집니다. 그래서 상황이 나쁠 때는 더욱 조심해야 합니다. 무더운 날씨에 여러 명이 일하고 있습니다. 그중 한 사람이 말합니다. "아이고, 더워 미치겠구나." 즉시 모두가 너무 더워 일이 중단됩니다. 상황이 달라진 것은 아무 것도 없어요. 단지 그 말이 그렇게 만듭니다.

반면에 누가 긍정적이고 능력 있는 말을 하면 생기가 솟아납니다. 무겁고 지루합니다. "일 많이 했다! 이제 곧 맛있는 점심을 먹겠구나." 하나님이 만드신 몸의 구조입니다. 그래서 상황이 나쁠 때일수록 건전한 농담을 말할 수 있는 사람은 위대합니다. 신앙의 말은 모든 것을 극복합니다. 신자가 왕으로서 어떤 말을 해야 그런 삶을 살게 될까요?

1. 원하는 것을 말하라

상황을 말하지 말고 소원을 말하세요. 이스라엘이 가나안에 들어갈 때 12명의 정탐꾼을 보냅니다. 돌아와 열 명은 "우리 힘으로 도저히 들어가 이길 수 없다"고 선언합니다. 백성들이 그 말 듣고 웁니다. "애굽 땅에서 죽었거나 이 광야에서 죽었더라면 좋았을 것을 어찌하여 여호와가 우리를 그 땅으로 인도하여 칼에 망하게 하는고!" 이게 소원인가요?

오직 두 사람 정탐꾼만 말합니다. "여호와를 거역하지 말라. 또 그 땅 백성을 두려워하지 말라. 그들은 우리 밥이라. 여호와는 우리와 함께 하시느니라. 그들을 두려워 말라." 하나님이 나타나 말하십니다. "나의 삶을 가리켜 맹세 하노라. 너희 말이 내 귀에 들린 대로 내가 너희에게 행하리라."(민 14:28) 그러니 상황이 아니라 원하는 것을 말해야지요.

좋은 말을 하면 좋게 됩니다. 소원은 좋은 것만 있어요. 나쁜 걸 바라겠어요? 대부분의 이스라엘 사람들은 자신이 싫어하는 것을 말했고 그 내용 대로 광야에서 죽습니다. 두 사람만 자신들의 말대로 가나안에 들어갑니다. 계속 잘 되어 자손들을 훌륭하게 배출합니다. 다윗이 그 후손입니다. 하나님은 자기 백성의 하는 말을 들으신 대로 해 주셨습니다.

상황이 나쁘게 보인다고 이스라엘 백성들처럼 말해 보세요. "도무지 되는 게 없구나. 이대로 가다간 들어먹겠구나. 왜 이렇게 안 풀리는가!" 싫고 믿음이 없으니까 이렇게 말하겠지요. 말하고 나면 더 믿음이 없어집니다. 그래서 더 한탄하고 낙심합니다. 그리고는 비참한 말, 불평, 자기 연민의 말만 계속합니다. 그리고 그대로 삶이 힘들게 전개됩니다.

엄마가 아들에게 잔소리를 합니다. "넌 왜 그렇게 게으르냐? 그래서 뭐에 쓰겠어? 그래서는 대학 못 간다. 나중에 땅을 치며 후회하게 된다. 알겠어?" 내용상 나쁜 건 없어요. 그러나 이런 말은 강력하게 상대를 망가뜨립니다. 자식이 잘 되기 바라면 파멸과 절망을 경고하지 마세요. 생명의 말을 선포해야 합니다. 사랑의 말이라도 내용은 저주입니다.

자신의 소원을 말하세요. "네가 못할 일은 없다. 하나님이 너를 돕고 있다. 조금만 노력해도 너는 크게 성공할거다." 조금만 잘하면 말하세요. "너는 최고의 작품이다. 너는 훌륭하다. 네가 자랑스럽구나." 이게 실질적인 축복이랍니다. 그리고 말투만 조금 바꾸면 남편 아내

간에 친구 간에 교우 간에 얼마든지 할 수 있는 축복입니다. 열매가 있어요.

상황이 뜻대로 풀리지 않고 어려운 일만 터지나요? 그럴수록 특별히 말을 조심해야 합니다. 말을 긍정적으로 하는 사람일수록 강합니다. 고통에서도 빨리 벗어납니다. 일이 꼬이면 사람들 붙잡고 불평과 신세 한탄을 늘어놓는 게 인간의 본성입니다. 그러면 자기만 망가뜨릴 뿐입니다. 자기 말한 그대로 삶이 펼쳐진다면 원하는 것을 말해야지요.

자기 상황이 나쁘다 투덜거리고 불평하지 마세요. 더욱 불행하고 짜증나는 세상에 살게 됩니다. 하나님은 불평을 아주 싫어하십니다. "내 귀에 들린 대로 너희에게 행하리라." 늘 소원을 마음속에 품으세요. 그러면 그게 나옵니다. 문제를 말하지 말고 해결책을 말하세요. 산이 너무 크다고 불평하지 말고 산을 향해 하나님이 얼마나 크신지 선포하세요.

2. 왕처럼 말하라

인간의 말에는 불가사의한 힘이 주어졌어요. 당장이라도 말을 과감하게 바꾸면 세상이 바뀝니다. 먹구름 속에서도 명령하면 머지않아 태양이 뜹니다. 성경적으로 말하고 태도를 바로 잡으면 하나님은 들으신 대로 상황을 고쳐주십니다. 수없이 보아왔어요. 과학이나 의학이 도무지 설명할 수 없는 신기한 기적을 말이 만들어냅니다. 왜 그런지 아세요?

앞에서도 말했듯이 하나님은 본래 우리를 왕으로 지으셨습니다. 하나님은 우리를 하나님의 형상대로 만드셨습니다. 그래서 아름다움과 위엄이 넘치게 하셨습니다. 그리고는 명령하십니다. 이 명령의 내용이 곧 축복입니다. 그대로 행해야만 경험되는 축복입니다. "생육하고 번성하여 땅에 충만하라. 삶을 정복하라. 이 세상의 모든 것들을 다스려라."

그러나 인간은 하나님의 말씀 대신에 사탄의 말을 듣고 거기 복종합니다. 그리하여 하나님과의 관계는 끊어지고 사탄의 노예가 됩니다. 사탄은 모든 부정적이고 죄로 가득한 생각과 말을 줍니다. 생각이 말을 만들고 다시 말이 생각을 강화시킵니다. 그리하여 인간의 입에서 나오는 말은 탄식과 불평입니다. 자기도 모르는 사이에 자동적으로 나와요.

자기의 말을 잘 살펴보세요. 걱정, 근심, 불평, 짜증입니다. 그것이 평생을 통해 쌓이고 쌓여서 의식과 행동을 이끌어갑니다. 그래서 사람들은 오래 살면 살수록 더욱 죄를 짓게 됩니다. 오래 살수록 모습은 흉해지고 비참해집니다. 얼굴을 보면 그 사람의 마음을 알 수 있어요. 얼굴은 영혼의 거울이란 말입니다. 생각과 삶이 인상에 다 나타나게 됩니다.

예수 믿는 게 무엇인가요? 예수가 사탄의 노예 된 사슬을 끊어주셨다는 사실을 믿는 것입니다. 우주의 왕이신 예수께서 내 안에 들어와 내 모든 죄를 없애주시고 하나님의 자녀로 삼아주셨습니다. 그래서 다시 세상의 왕으로 새롭게 만드셨습니다. 이 사실을 믿습니까? 그렇다면 자신의 정체를 다시 확인해야 합니다. 거기 맞추어 살아야 합니다.

첫째 주안에서 왕이 된 자기 신분을 늘 확인해야 합니다. 다윗의 말입니다. "주의 아름다운 복으로 영접하시고 정금면류관을 머리에 씌우셨나이다."(시 21:3) 신자는 이제 죽음과 멸망의 노예가 아닙니다. 그들이 오히려 우리를 두려워합니다. "문제를 두려워 말라. 그것은 우리 밥이다. 여호와는 우리와 함께 하신다." 여호수아와 갈렙이 따로 없어요.

둘째 왕 노릇해야 합니다. 왕으로 명령하세요. 왕의 말은 미래를 움직입니다. "하나님께서 나에게 왕관을 씌우시고 복을 주시며 생육하고 번성하여 땅에 충만하라고 하셨다. 세상의 모든 것을 다스리라고 하셨다. 그러므로 나는 여호와의 이름으로 다스리노라. 내가 명하노니 모든 것은 바로 되라. 내 가정이 바로 될 것이다. 사업이 형통할 것이다."

그리고는 왕으로서의 삶이 열려질 것을 기대해야 합니다. 아직 명령한 대로 이행이 되지 않아도 왕은 마음도 말도 흔들리지 않습니다. "나의 췌장은 제대로 일을 하라. 나의 혈압은 80에 120이다." 어떤 분이 그렇게 했는데 나았어요. 어떻게 그리 되었는지 의사들이 이해할 수 없다고 합니다. 하나님 주신 왕의 권한이기에 믿으면 반드시 나타납니다.

3. 하나님처럼 말하라

이제 우리의 말은 그대로 왕의 말로 나타납니다. 왕의 말은 왕의 권세가 있습니다. 이스라엘 백성들이 탄식하고 불평하자 하나님이 뭐라고 하셨지요? "너희 말이 내 귀에 들린 대로 내가 너희에게 행하리라." 이제 하나님의 백성을 넘어선 하나님의 친 자녀요 왕인 우리의 입에서 나올 때는 얼마나 놀라운 힘을 발하겠습니까! 그 수준의 말을 해야지요.

그러려면 우리 삶에서 하나님의 말씀을 첫 번 째 위치에 두어야 합니다. 그 말씀에 유의하고 생각하고 입으로 따라서 해야 합니다. 자신을 어떻게 말하고 있는지 늘 살펴야 합니다. "그의 소유된 백성이요, 왕 같은 제사장이요 그의 나라"라고 하면 그대로 자신에게 늘 말해야 합니다. 먼저 자신에게 말하는 것이 우선입니다. 그래야 세상도 복종합니다.

"만약 말하려면 하나님의 말씀을 하는 것 같이 하고 봉사하려면 하나님이 공급하시는 힘으로 하는 것 같이 하라."(벧전 4:11) 이것이 승리의 비결입니다. 왕은 하나님의 말씀을 자기 말로 합니다. 그리고 하나님의 힘을 의지하고 매사에 행동합니다. 그러면 자신의 한계를 넘어섭니다. 상황을 보고 왕으로 장악하세요. 우선 말부터 그렇게 해야 합니다.

〈불의 전차〉에서 선교사인 주인공이 누구보다 달리기를 잘합니다. 올림픽에서 금메달을 땁니다. 달리면서 하는 말입니다. "하나님은 목적이 있어서 나를 만드셨다. 달릴 때마다 나는 그가 기뻐하시는 것을 느낀다." 그는 언제나 이 말을 했습니다. 우리도 그래요. 다 목적이 있습니다. 그래서 멋진 일을 할 때 기뻐하십니다. 말부터 그렇게 하세요.

그렇습니다. 하나님은 운명을 다스리고 세상을 지배하라고 그래서 하나님의 영광을 드러내라고 우리를 자기 형상대로 만드셨습니다. 그렇다면 말부터 성경대로 해야 합니다. 이렇게 말하세요. "하나님은 나를 사랑하신다. 나를 보고 자랑스럽게 여기신다. 내게 너무도 좋은 분이시다. 그러므로 그분이 만드신 목적대로 강하게 겸손하게 행복하게 살자."

이런 식으로 자신을 날마다 축복하세요. "나는 하나님의 초자연적인 은혜로 권세를 받았다. 나는 하나님을 닮은 존재요, 세상의 왕이다. 하나님은 생육하고 번성하여 땅에 충만할 복을 주셨다. 세상을 정복할 능력을 주셨다. 예수 안에서 나는 모든 것을 할 수 있다. 주시는 힘을 의지하고 부지런히 용감하게 내 할 일을 하리라. 나는 내 삶의 왕이다."

가족에게도 주위 사람들에게도 비슷한 축복의 말을 하세요. 예배마다 나와 축복 받고 축복의 말을 배우세요. 오디오가 비싸도 틀어야 오디오입니다. 차가 좋아도 멎어있으면 고철입니다. 축복을 표현해야 축복의 사람이요 왕입니다. 하나님이 들으시도록 사랑과 축복을 표현하세요. 믿음으로 소원을 말하고, 왕처럼 명령하고 하나님처럼 선포하세요.

김동엽 목사

명지대경영학과와 서울장신대학교, 장로회신학대학교, 연세대연합신학대학원을 거쳐 미국 풀러신학대학원에서 박사학위를 받았다. 아세아태평양신학대학원에서 사회복지학을 공부했다. 한일장신대학교, 러시아 페테스부르그자유대학교, 몽골 울란바토르대학교, 목회자신문사의 이사장을 역임하고 현재 신정 종합사회복지관과 양천 노인종합복지관 이사장이며 목민교회 담임목사이시다.

맥추절을 지키라

출애굽기 23:14-17

하나님께서는 이스라엘 백성이 하나님을 경외하고 받은바 은혜를 기억하며 겸손한 자리에서 복된 삶을 살기 원하셨습니다. 그리하여 하나님께서는 이스라엘 백성에게 3대 절기를 친히 제정해 주시며 해마다 지키라고 명하십니다.(14절) 유월절은 430년 동안 애굽에서 종살이 하던 이스라엘을 하나님께서 해방시키신 것을 기념하는 절기입니다.

이 절기엔 7일 동안 고난의 떡 무교병을 먹게 됩니다. 다음으로는 맥추절을 지키라 하셨는데, 맥추절은 다양한 이름과 뜻을 가졌습니다. 유월절 지난 7주 후에 지키는 절기로서 칠칠절이라고도 하고, 출애굽기 34장 22절에서는 첫 열매를 거둔다고 해서 초실절이라고도 일컬었습니다. 가나안 땅에 들어가서 처음 뿌린 씨앗의 열매를 거둔 것에 대한 감사로서 예레미야 23장에서는 오순절이라고도 부릅니다. 또

한 건국기념일, 교회 창립일로서 모세가 시내산에서 십계명을 받은 것을 기념하는 날로 이 절기를 지키기도 했습니다. 마지막으로 수장절이 있습니다. 이 절기는 광야에서 나그네로서 초막 생활하며 만나를 먹었던 것을 기념하는 날입니다. 우수가 다 끝난 다음에 들판에 초막을 짓고 일주일간 생활하면서 지난날을 감사하고 현실 속에서 하나님의 은혜를 기억했습니다.

이 세 절기에는 오늘날 우리에게 주시는 영적인 의미가 분명히 있습니다. 유월절은 우리가 마귀의 종에서 그리스도의 자녀로 해방된 것을 기념하는 의미가 있습니다. 죄와 사망의 올무에 매여 멸망당할 수밖에 없는 인생이었지만 예수그리스도의 피로 우리는 구속함을 받아 하나님의 자녀가 된 것입니다. 두 번째 맥추절은 첫 열매를 거두는 절기인데, 신약에서는 오순절 마가다락방에서의 불같은 성령의 임재로 성령의 열매가 맺힌 것을 뜻합니다. 성령의 강력한 역사는 구원의 열매를 맺게 되고 교회를 탄생시키는 놀라운 결과를 가져오게 되는 것입니다. 마지막 수장절은 주님의 재림과 연관됩니다. 그날에 예수님을 믿는 사람들은 다 추수되어 천국 창고에 들어갈 것입니다. 이 3대 절기를 통해 예수님의 구원을 보고 교회 탄생과 심판을 보시는 하나님의 뜻을 우리는 찾게 되는 것입니다.

맥추절을 맞으며 이 절기를 지키는 우리의 자세는 어떠해야 할지 생각해 보겠습니다.

첫째, 감사하는 마음으로 지켜야 합니다.

맥추절은 하나님의 은혜를 기억하는 절기입니다. 감사는 은혜를 깨달을 때에야 생깁니다. 하나님께서 우리를 얼마나 사랑하셨는지 기억해야 합니다. 내가 힘들고 연약할 때 주님이 어떻게 도우셨는지를 알고 고백하는 것이 바로 감사인 것입니다. "이같이 행하여 네 평생에 항상 네가 애굽 땅에서 나온 날을 기억할 것이니라"(신명기 16:3)고, "너는 기억하라 네가 애굽 땅에서 종이 되었더니 네 하나님 여호와가 강한 손과 편 팔로 거기서 너를 인도하여 내었나니"(신명기 5:15)라고 말씀하십니다. 우리가 오늘만 생각한다면 다른 사람과 비교해서 더 받지 못할 것에 대한 불평과 원망 속에 살기 쉽습니다. 그러나 지난날을 기억하고 받은 은혜를 생각하면 감사할 일은 얼마든지 많이 있음을 발견하게 되는 것입니다.

지금 내가 가진 것에 대하여 나는 감사하며 살고 있습니까? 우리는 받지 못해서 감사 못하는 것이 아니라 받은 것을 잊어버렸기에 감사할 자리에서 불평하는 것입니다. 이 땅에 올 때 우리는 빈손으로 왔습니다. 지금 내가 먹고 마시고 누리고 사는 모든 것은 전적으로 하나님이 주신 것들입니다.

가난하던, 병들었던, 실패했던 지난날을 생각한다면 오늘 이 자리에 내가 있기까지 도와주시고 지켜주시고 건져주시고 부어 주신 하나님께 찬송과 감사를 돌리지 않을 수 없는 일입니다. 돈 없어도 건강하다면, 건강 없어도 믿음 있다면, 실패했어도 다시 시작할 수 있다면, 우리는 감사 할 수 있습니다. 설령 아무것도 남아있지 않다 할지라도 하나님께서 나와 함께 하신다는 사실 한가지만으로도 넉넉히 감사 할 수 있는 것입니다. 하나님께서는 나의 소유, 나의 환경, 나의 조건과

상관없이 나를 이제까지도 도우셨고 앞으로도 도우실 것입니다. 세상 끝날까지 변함없고 끊임없고 영원한 사랑으로 나와 함께 하시는 하나님께 감사할 수 있다면 우리 인생은 성공한 인생인 것입니다.

둘째, 하나님께 첫 열매를 드림으로 지켜야 합니다.

16절에 "첫 열매를 드리라", 15절에 "빈손으로 내 앞에 나오지 말지니라" 말씀하십니다. 민수기 3장에는 첫 열매가 하나님의 것이 된 유래가 기록되어 있습니다. 이스라엘 백성이 출애굽 하던 밤 하나님의 심판이 있었습니다. 문설주에 양의 피를 바른 이스라엘 집은 죽음이 지나갔으나 애굽인의 집집마다에선 장자가 다 죽었습니다. 그래서 하나님께서는 장자는 다 내 것이라 말씀하셨습니다. 하나님께서 이스라엘의 모든 남자는 다 내 것이라 하신 후에 이스라엘의 장자 대신에 레위지파를 받겠다 말씀하셨습니다. 인구 조사결과 장자는 22,273명이었고 레위인 남자는 22,000명이었는데, 레위인을 받고 모자라는 273명을 5세겔씩 계산해서 1,365세겔은 속전으로 받아 아론과 그 아들들에게 주었습니다.

하나님은 정확하신 분입니다. 하나님께서는 오늘날에도 그 백성이 드리는 첫 열매를 기쁘게 받으십니다. 하나님께 가장 좋은 것을 먼저 드리는 첫 열매의 신앙은 귀중하고도 당연한 것입니다. 농사짓는 이의 첫 곡식, 과수원 하는 이의 첫 열매, 직장인의 첫 수입 등은 다 첫 열매인 것입니다. 그러나 첫 열매의 신앙은 꼭 물질만 뜻하는 것은 아닙니다. 새벽기도는 시간의 첫 열매요, 주일 성수는 날의 첫 열매이며 십의 일조는 수입의 첫 열매입니다. 우리는 주님의 기쁨이 되면서 축복받는 길이 무엇인지 알고 살아야겠습니다. 잠언 3:9-10에 "네 재물과 네 소산물의 처음 익은 열매로 여호와를 공경하라 그리하면 네 창고가 가득히 차고 네 포도즙 틀에 새 포도즙이 넘치리라" 말씀하십니다. 첫 열매의 축복은 다음으로 맺히는 모든 열매를 보장해 주는 약속인 것입니다.

농사하는 이는 자기가 나쁜 것을 먹더라도 좋은 씨앗을 심을 줄 압니다. 심는 대로 거두는 이치를 알기에 그러합니다. 언제나 하나님을 우선적으로 생각하는 믿음, 하나님께 가장 좋은 것 드리기를 주저하지 않는 그런 마음으로 살아야 하나님의 은혜는 떠나지 않습니다. 하나님께서는 우리의 중심을 보시고 정확히 책임지시는 분이심을 확신하시기 바랍니다.

셋째, 화목을 회복해야 합니다.

신명기 16:11에 "너와 네 자녀와 노비와 네 성중에 있는 레위인과 및 너희 중에 있는 객과 고아와 과부가 함께 네 하나님 여호와께서 자기의 이름을 두시려고 택하신 곳에서 네 하나님 여호와 앞에서 즐거워할지니라" 말씀하고 계십니다. 맥추절의 정신은 화목의 회복입니다. 명절을 지키되 모두 함께 모여 지키라 말씀하시는 것입니다. 우리가 세상에 나가 한 주간을 살지만 성전에 모여 함께 예배드리는 모습이야말로 하나님이 기뻐하시는 모습일 것입니다. 한 자리에 모일 때 인간은 동질성을 형성할 수 있습니다. 바쁘다는 핑계로 은혜 받는 일 봉사하는 일 하나님 기뻐하시는 일에 자꾸 빠지다보면 믿음은 약해지고 세상과 가까워지게 됩니다. 그러다보면 세상적 방법을 취하게 되고 실패와 낙심을 되풀이할 수밖에 없게 됩니다.

교회에서 하나 될 수 있어야 합니다. 우리는 예수 그리스도로 한 피 받아 한 몸 이룬 한 가족입니다. 어려운 일엔 함께 기도하며 기쁜 일 엔 함께 즐거워해 주는 동질성을 회복하라고 주님은 이 절기를 지키 라 하시는 것입니다. 죄인과 의인이, 주인과 노비가, 행복한 자와 불 행한 자가 다 함께 모여 화목을 회복하라고 주신 절기가 바로 맥추절 인 것입니다. 불신이 있고 불평이 있었어도, 소외감이 있고 피해의식 이 있었어도 이 날엔 모두 모여 함께 찬양하고 기뻐하며 은혜 나누며 한 형제 됨을 확인해야 합니다. 갈라지고 찢어진 마음을 하나로 모으 는 화목의 역사가, 한 마음으로 주님을 바라보는 회개의 역사가 있어 야 합니다.

직장에서나 가정에서나 교회 안에서나 아직도 내게 막힌 담이 있다 면 헐어버리시길 바랍니다. 용서 있는 곳에만 화목이 있고 사랑이 있 고 하나 됨이 있을 것입니다. 만약 우리가 이 맥추절을 잘 지키지 못 한다면 하나님 앞에 영광 돌리는 절기가 될 수 없을 것입니다.

이 절기는 하나님이 아닌 바로 나를, 성도를 위한 절기입니다. 감사 하는 행동을 통해 하나님 앞에 나를 바로 세우고, 첫 열매를 드리게 하심으로 더 큰 축복을 예비하시며, 화목의 회복을 통해 사람 속에 나 를 바로 세우시려는 하나님의 뜻을 바로 이해하고 맥추절을 지켜야 하겠습니다. 그리하여 하나님의 은혜를 기억하고 감사함으로 하나님 과 바른 관계를 맺으며, 사람과 화목하고 사랑함으로 사람과 바른 관 계를 이어가는 예수 그리스도의 제자들이 되시기를 소망합니다.

약함을 통해 주시는 강한 능력

고린도후서 12:7-10

'목적이 이끄는 삶'의 저자 릭 워렌 목사는 간질로 고생하기도 했고, 설교 원고가 보이지 않는 경우로 낙망하기도 했습니다. 그는 누가보다라도 목회자와 설교자로서 성도 앞에 설 수 없는 조건의 사람이었지만, 재적 교인 8만 명의 베스트셀러 목회자로 우뚝 서게 되었습니다. 그는 바울처럼 고백합니다. "나는 나의 무능과 부족함을 절감하고, 하나님께서 주시는 능력만을 의지하였다." 사랑하는 여러분, 우리는 세상적인 훌륭한 조건 속에서 살아가는 사람들을 바라보며 부러워할 때가 많이 있습니다. 그러나 약함이 실망이 되지 아니하고, 절망의 조건이 되지 않는다는 것을 수많은 믿음의 증인들을 통하여 우리는 알고 있습니다.

모든 사람들에게는 약함이 있지만, 더 중요한 문제는 우리가 이러한 '가시'에 대하여 어떻게 반응하는 가입니다. 나에게 '가시'가 닥쳐올 때 낙망하고 포기하고 말 것입니까? 비록 우리의 탄생은 처음부터 약점과 함께 있었지만, 우리의 인생은 그 약점을 뛰어넘으시는 하나님을 통하여 힘을 얻고 능력을 얻게 되는 것입니다. 이러한 은혜를 바울은 오늘의 본문을 통하여 세 가지로 명확히 설명해주고 있습니다.

첫째로, 우리의 연약함을 통하여 하나님께서는 우리의 신앙과 인격을 온전하게 하십니다(9a). 약점을 인정한 사람들이야말로 겸손하고 강하며 용기 있는 사람들이요, 지혜자입니다. 이들은 약점으로부터 실패하지 않고 인생의 성공자가 됩니다. 우리의 환경과 여건이 문제가 아니라 어떠한 자세로 살아가는가가 문제입니다. 삭개오는 자신의 키로 인하여 좌절하지 않았습니다. 자신의 약점을 인정하고 뽕나무에 올라가는 최대한의 노력과 성실을 가지고 최선을 다했기에, 예수님을 만날 수 있었던 것입니다.

사랑하는 여러분, 여러분에게는 어떠한 약점이 있습니까? 사람에게 약점이 없다는 것은 있을 수 없습니다. 다른 사람에게 보이지 않을지라도 하나님께서 허락하신 약점이 있습니다. 그러나 하나님께서 우리에게 약점을 주신 뜻은 우리를 괴롭히기 위함이 아닙니다. 그것을 통하여 하나님을 의지하라고 주셨습니다. "마귀도 병에 걸리면 천사처럼 변한다"는 말이 있습니다. 자신의 질병, 관계맺음의 서투름, 가정의 불화 등 약점에도 불구하고 그것으로 인하여 좌절하지 않고 하나님을 의지할 때, 하나님은 그를 온전하게 만드십니다. 바울은 세상적인 조건을 따져보면 학벌과 가문과 지위가 결코 남에게 뒤지지 않는 사람이었습니다. 그러나 그에게도 육체적인 질병이 있었습니다. 예수님을 만남으로 변화를 받아 간질이나 학질, 안질 등으로 추측되는 고통스런 질병 앞에서도 낙심하고 좌절하지 않고, 자신이 받은 하나님의 계시 앞에 겸손한 자세로 임하였습니다. 사람의 삶은 하나님 앞에서 아무 것도 할 수 없는 유한한 존재로서의 삶이라는 것을 기억하시기 바랍니다.

두 번째로, 우리의 약함은 하나님의 능력을 우리에게 머물게 하는 통로입니다(9b).

20세기의 위대한 지휘자 토스카니니는 본래 첼로 연주자였습니다. 그러나 심각한 근시로 인하여 악보를 외워서 밖에 연주할 수 없었습니다. 그러던 어느 날, 지휘자가 질병으로 인하여 자리를 비워 그가 지휘단에 서게 되었습니다. 그래서 감춰져있던 천재적인 재능이 발휘되었습니다. 그러나 그는 이 모든 인생의 경과를 하나님이 주신 약점에 대한 순종으로 설명하였습니다. 자만은 아담과 하와를 에덴동산이라는 축복 앞에서 하나님의 말씀을 거역하고 쫓겨나게 만들었습니다.

인간적인 강함은 하나님 앞에서 약점이 되며, 인간적인 약점은 하나님 앞에서 축복의 통로가 됩니다. 오늘날 많은 사람들은 자신의 마음을 단단히 싸매고 있습니다. 내 능력과 경험과 지혜로 말미암아 하나님의 능력이 내 안에 흘러넘치는 것을 막고 있지는 않습니까? 사람의 손에 끼워진 장갑은 청소와 설거지로부터 응급수술에 이르기까지 수많은 일을 감당해 냅니다. 그러나 우두커니 놓인 장갑은 아무 것도 할 수 없는 무생물에 지나지 않습니다. 내가 약한 그 때에 주님은 나와 함께 하십니다. 그분을 의지하면 나를 승리의 도구로 사용하십니다. 나에게 있는 가시와 약점, 고난을 통하여 주님을 붙들게 되고 하나님의 축복의 통로가 되어 위대하게 쓰임 받는다는 것을 기억하시기 바랍니다.

세 번째로, 우리의 약함은 그리스도의 능력이 머물게 하고, 그 능력 안에서 놀라운 영광의 열매를 맺게 합니다.

약한 자는 하나님의 능력으로 말미암아 연단의 열매를 맺게 됩니다. 우리 가운데 가장 두드러진 은사가 사용된다는 것만으로 만족하지 마십시오. 진실로 성숙한 신앙인이라면 나의 약점에서 그리스도의 향기를 발하여야 합니다. "그러므로 내가 그리스도를 위하여 약한 것들과 능욕과 궁핍과 박해와 곤고를 기뻐하노니 이는 내가 약한 그 때에 강함이라.(10)"

사랑하는 여러분, 용모가 준수한 사람이 자랑할 만합니까? 건강이 특출한 사람만이 하나님께서 사용하십니까? 최근의 화두로 꾸준히 등장하는 '몸짱'과 '얼짱'을 하나님은 사용하시는 게 아닙니다. 사람의 인생은 어제와 오늘이 다르며, 미래를 알 수 없는 무력한 인생입니다. 내일 일을 알지 못하는 인간이 무엇을 자랑하며 살 것입니까? 주님이 친히 가르쳐주신 기도 안에는 "오늘 우리에게 일용할 양식을 주시옵고"라는 구절이 있습니다. 바울에게 주신 약점은 괴롭히기 위하여 주신 것이 아니라, 하나님의 능력을 힘입고 살라고 허락하신 방패와도 같으며, 은혜의 장막이요 안전장치라는 것을 알아야 합니다. 그것을 깨닫는다면 문제 때문에 고민하고 인생을 포기하지 않고 도리어 하나님께 영광을 돌리며 살 수 있게 될 것입니다.

사랑하는 성도여러분!

여러분의 약점을 힘들게 싸매고 있는 가면을 하나님의 은혜로 벗어던지십시오. 하나님은 여러분의 약점을 통하여 하나님의 은혜를 충분히 누릴 수 있게 도우십니다. 성공만을 구가하는 것이 기쁨이 되는 것이 아니라, 약한 자로서 오히려 하나님의 은혜를 넘치도록 체험하는 것이 행복인 것을 깨달아 날마다 기쁨으로 승리하는 여러분 되시기를 간절히 축원합니다.

김영헌 목사

감리교신학대학교, 미국 루터란신학대학교, 에모리대신학대학원에서 공부했으
며 에모리대학교에서 석사와 박사학위를 받았다. 현재 은평천사원 이사장, 감
리교신학대학교 객원교수, 감리교목회학박사원 교수이며 은평 감리교회 담임
목사이시다.

맞춤형 성령님이 내게 오십니다

(The Person-Specific Holy Spirit comes to me)

사도행전 2:1-13

1988년 예일대학의 여교수였던 바바라 하그로브(Barbara Hargrove)박사가 세상을 떠나자 많은 신학자들과 목회자들이 그녀의 죽음을 슬퍼하였습니다. '크리스천 센추리'(Christian Century)라는 유명한 기독교 잡지는 하그로브 교수를 위해 이런 조문을 썼습니다. "가장 약했던 여자, 일찍 과부가 되고 어린 네 아이라는 짐을 졌던 여자, 육신도 약하고, 정신도 고달프고 악조건이란 악조건은 다 짊어진 여자. 그녀는 38세에 대학에 입학한 후, 모든 크리스천들에게 많은 교훈을 남기고 우리 곁을 떠나갔다."

바바라 하그로브 박사는 콜로라도의 농촌에서 태어나 농부와 결혼하여 네 자녀를 두었으나 남편이 일찍 세상을 떠나 38세의 젊은 나이에 과부가 되었습니다. 4명의 자녀를 키우며 먹고 살기도 어려웠던 그녀는 38세에 대학에 들어가서 4년의 과정을 마치고는 신학교에 입학하여 3년 과정을 마쳤습니다. 그녀는 다시 박사과정에 들어가서 52세에 박사학위를 받습니다. 그 후에 그녀는 아일리프 신학대학원과 예일대학 신학부 교수로 재직하다가 64세에 뇌종양으로 세상을 떠났습니다. 14년 동안 공부하여 박사학위를 받고, 12년 동안 가르치다가 하늘나라로 갔던 것입니다. 그녀의 삶은 참으로 위대했고 많은 이들에게 감동을 주었습니다.

어떻게 그녀는 늦은 나이에 자녀들을 4명씩이나 키우면서 대학부터 박사학위까지 무려 14년의 학업을 이어갈 수가 있었나요? 두 가지 때문이었습니다. 하나는 신앙이었고, 다른 하나는 삶의 의미를 찾은 데 있었습니다. 믿음을 가진 신앙인으로서 무슨 일을 어떻게 하며 사는 것이 하나님의 뜻을 따라 사는 길일까? 그녀는 하나님에게 온몸과 마음을 다해 기도했을 것입니다. 결국 자기에게 주어진 삶의 목적과 의미를 발견했기에 그녀는 그 어려운 역경을 무릅쓰고 성공적으로 자기 인생을 이어갈 수가 있었습니다.

하나님이 하시는 일에는 우연이라는 것이 없습니다. 세상을 이끌어 가실 때 언제나 하나님의 목적을 위해 모든 일을 계획하십니다. 그것을 예수님은 하늘에 나는 참새 한 마리도 하나님의 뜻이 아니면 땅에 떨어지지 않는다고 설명하셨습니다. 누구든지 그 의미와 목적을 찾으면 살아있는 이유도 깨닫고 삶의 활력도 되찾을 수 있습니다.

토마스 힐튼(C. Thomas Hilton)박사는 주장합니다. "의미는 모든 것이다."(Meaning is everything) 우리 인간 존재는 "왜?"라는 물음에 답을 구할 수 있어야 모든 삶을 투자하면서도 기뻐한다는 것입니다. 자기가 하는 일에 대해 의미를 발견하지 못하면 무슨 일이든지 쉽게 포기하거나 싫증을 느끼게 마련입니다. 힐튼 박사는 대학을 다니면서 방학 때마다 아르바이트를 해서 학비를 마련했답니다. 산의 벌목장에 가서 일했던 해도 있었고, 유치원 보조교사로 일을 하기도 하고 영화 촬영장의 잡부로도 일을 했답니다.

어느 해인가 사람을 구하는 광고가 났습니다. "Environmental surface remover"('환경 지면 정리자'라고 번역할 수 있습니다)입니다. 지표면을 조사하는 중요한 일인 줄 알고 응시를 했답니다. 현장에 가서보니 땅을 파는 일이었답니다. 깊은 도랑을 파나가는 일인데 너무 힘들었답니다. 끝없이 땅을 깊이 파나가는데 왜 파는지를 몰라 보스에게 물었습니다. "왜 이 도랑을 깊이 파는 겁니까?" "나도 모릅니다. 파라니까 파는 겁니다." 그 대답을 듣자 일하는 인부들은 모두 힘이 쭉 빠졌습니다. "더 이상은 못 파겠습니다." 삽을 놓고 털썩 주저앉았습니다. 그냥 집으로 가고 싶었습니다.

조금 있으니 보스가 땅을 파는 이유를 설명해 주었습니다. 파이프를 묻어 마을에 있는 주택에 물을 공급하기 위해서 땅을 파나간다는 것입니다. 그렇다면 사정은 달랐습니다. 땅을 잘 파서 물 공급을 원활하게 해야 주택에 사는 사람들이 불편 없이 살 것입니다. 땅을 파는 사람들은 자기들이 지금 매우 귀중한 일을 하고 있다는 것을 알게 되었습니다. 그때부터 그들은 다시 힘을 내서 정성껏 땅을 팠다는 이야기입니다. 땅을 파는 일도 의미를 찾게 되면 일하는 자세가 달라지는

법입니다. 의미가 없으면 인생도 없습니다.(no reason meant no life)

우리 인간들은 종종 왜(why?)라는 질문을 합니다. 삶의 의미와 목적을 찾기 위해서입니다. 예수님이 부활승천하신 후 10일 째 되는 날, 그러니까 예수님이 부활하신지 50일 째 되는 날, 그날은 오순절(Pentecost)이었습니다. 유대인들은 유월절 후 50일 째 되는 오순절 날 하나님께 감사 제사를 드려왔습니다. 그런데 예수님 승천 후 다락방에 모여 기도하던 제자들에게 이 오순절 날에 예수님께서 약속하셨던 성령이 임재 했습니다. 그 상황을 요약하면 하늘로부터 급하고 강한 바람 같은 소리가 있더니 마치 불의 혀처럼 갈라지는 것들이 보였습니다. 그러더니 거기 모인 사람들이 모두 성령충만하여 성령이 말하게 하심을 따라 각각 다른 언어(방언들)들로 말하기 시작했습니다.

사도행전을 기록한 의사 누가는 너무 놀랍고 당황스러웠다고 기록했습니다.(amazed and astonished) 하늘 아래 있는 모든 나라 사람들이 그들의 언어로 하나님의 말씀을 들었습니다. 성경은 이 사건을 기록하면서 그들의 반응을 이렇게 말하고 있습니다. 다 놀라며 당황하여 서로 말하되 이 어찌된 일이냐?"(행 2 : 12) (Amazed and perplexed, they asked one another, what does this pentecost mean?) 여기 "이 어찌된 일이냐?"라는 말은 글자대로 해석하면 이 오순절사건(Pentecost)이 무슨 의미를 갖느냐?(What does Pentecost mean?)라는 말입니다. 이 말을 오늘 우리에게 적용한다면 "이 오순절 사건이 오늘을 살아가는 우리에게 무슨 의미가 있느냐?"(What does

Pentecost mean to us today?)는 말입니다.

첫째로 오순절 성령강림 사건은 "우리 하나님은 믿는 자들에게 다가오신다."는 의미를 갖습니다. 다른 말로 하면 하나님은 우리와 소통하시기를 원하신다는 말입니다. 하나님은 우리로 하여금 하나님을 이해하기를 원하십니다.

하나님은 언제나 주도권을 쥐시고 우리 자신의 삶을 위하여 하나님의 뜻을 알기를 몇 번이고 확인하시고 계십니다. 성서의 하나님은 우리에게 관심이 없는 멀리 계신 하나님이 아니십니다. 하나님은 우리를 돌보시기를 원하셨습니다. 그러나 하나님은 더 이상 인간을 돌보실 수가 없었습니다. 인간들이 완악하고 죄의 유혹에 빠져 더 이상 하나님과 가까이 있으려 하지 않았기 때문입니다. 멀리만 도망가려는 인간을 사랑하시는 하나님은 결국 우리에게 가까이 오시기 위해 높은 보좌를 버리시고 인간 예수님으로 이 땅에 오신 것이 바로 하나님 성육의 사건입니다.

"하나님이 세상을 이처럼 사랑하사 독생자를 주셨으니 이는 그를 믿는 자마다 멸망하지 않고 영생을 얻게 하려 하심이라."(요 3:16) 하나님께서 우리 인간을 얼마나 사랑하시는지를 나타내 보이는 말씀입니다.

따라서 오순절 성령강림 사건은 무엇을 우리에게 깨닫게 해주시려는 메시지를 가지고 있습니다. 하나님은 끝까지 우리를 포기하시지 않으신다는 약속을 현실적으로 성령이 임재 하므로 확인시켜준 사건이 오순절 성령강림 사건입니다. 예수님도 성령을 보내주시겠다고 약속하셨는데 오순절에 그 약속을 성취시켜 주신 것입니다. "끝까지 너를 포기하지 않고 나의 약속을 지켜주마" 말씀하신 것을 지키시기 위해 믿는 자들에게 찾아오신 사건입니다.

제가 아는 유학생은 처음에 미국에 와서 공부를 따라 갈 수가 없었습니다. 알아듣지도 못하고 노트 필기도 못했습니다. 더 이상 공부한다는 것이 불가능했습니다. 그런데 어느 날 교수님을 찾아가서 어려움을 호소했더니 그 교수님이 "하나님이 당신을 내게 보내주셨는데 나는 결코 당신을 포기할 수 없다"고 하시더랍니다. 그때부터 다시 용기를 얻어서 그 유학생은 공부를 마쳤습니다. 오순절 사건은 하나님이 나에게 결코 포기할 수 없다는 메시지를 주신 사건입니다.

노르웨이 사람으로 세계적 탐험자인 롤드 아문센이라는 사람은 북극의 자기자오선을 발견하고 남극도 발견한 사람입니다. 아문센은 탐험 중에 집비둘기 한 마리를 가져갔습니다. 그가 마침내 지구의 맨 꼭대기에 이르렀을 때 그는 새장을 열고 그 집비둘기를 자유롭게 날도록 놓아주었습니다. 어느 날 아문센 부인은 현관문 밖의 하늘에 원을 그리며 날아다니는 집비둘기를 발견했습니다. 아문센 부인은 그 비둘기를 보고 얼마나 기뻤겠습니까? 그는 소리를 지르며 기뻐했습니다. "그가 살아있다. 아직도 내 남편이 살아있다."

예수님이 승천하셨을 때도 그러했습니다. 어느 날 홀쩍 예수님이 하늘로 올라가셨습니다. 제자들은 매우 당황스러웠을 것입니다. 그러나 성령을 보내주시겠다는 예수님의 약속을 믿었습니다. 오순절날 비둘기 같은 성령이 마가의 다락방에 모여 있는 제자들에게 임재 했을 때에 얼마나 기뻤겠습니까? 제자들은 성령 충만하여 "아직도 예수님은 살아계신다"고 소리 지를 수밖에 없었을 것입니다.

둘째로 오순절 성령강림 사건은 하나님은 우리의 상황을 모두 아신다는 의미입니다. 오늘 본문(행 2:4, 6)의 말씀을 통해 알 수 있습니다.

"그들이 다 성령의 충만함을 받고 성령이 말하게 하심을 따라 다른 언어들로 말하기를 시작하니라."(행 2:4) "이 소리가 나매 큰 무리가 모여 각각 자기의 방언으로 제자들이 말하는 것을 듣고 소동하여……"(행 2:6)

"다른 언어들로 말하기를 시작"했는데 그 방언들이 모두 사방에서 몰려온 사람들의 방언으로 말했다고 기록하고 있습니다. 요즘 아무도 못 알아듣는 방언이 아니라 각 나라 사람들이 실제로 사용하는 외국어들로 말하고 있었다는 말입니다. 영어 표현에 보니까 "because each one heard them speaking in his own language"라고 되어 있습니다.

이것은 신학적으로 매우 귀중한 진리를 깨닫게 합니다. 하나님은 지구상에 있는 모든 사람들을 알고 계시기 때문에 지구상에 있는 모든 언어를 다 알고 계신다는 것을 깨닫게 합니다. 하나님은 모든 인간의 상황과 처지를 알고 계신다는 말입니다.

하나님의 3대 속성이 있습니다. 하나님은 모든 것을 아십니다. 이것을 하나님의 전지성이라 합니다.(omniscience) 두 번째는 하나님은 모든 것을 하실 수 있습니다. 이것은 하나님의 전능성입니다.(omnipotence) 셋째로 하나님은 안 계신 곳이 없습니다. 하나님은 하늘 위에도 계시고, 바다 속에도, 산에도, 들에도, 우리 마음에도 계십니다. 하나님의 무소부재성이라고 합니다.(omnipresence) 그래서 우리는 하나님을 믿습니다. 하나님은 우리가 이미 끝낸 일도 아시고, 앞으로 하고자 하는 일도 아십니다. 그래서 그 분은 하나님이십니다. (He is, after all, God) 하나님은 우리에 대해서, 나에 대해서 모르는 것이 없으십니다. 우리가 외국어를 배우려고 할 때 우리는 역시 그 언어를 쓰고 있는 사람들에 관해서 모든 것을 배워야 그 언어를 잘 이해할 수 있습니다. 다른 나라 사람들의 언어를 배운다는 것은 그 사람들에 대해 모두 알아야 한다는 말이기도 합니다. 그렇지 않으면 그들의 언어를 완벽하게 알 수 없습니다. 하나님은 우리의 언어를 아실뿐 아니라 우리 자체를 모두 아시는 분입니다.

찬송가 작가로 유명한 존 피터선(John Peterson)씨는 이렇게 노래하였습니다.

예수님처럼 이해하는 분 아무도 없네.

그는 비교할 수 없는 친구이네.

자비의 옥좌에서 그를 만나세,

그는 거기서 너를 기다리네.

예수님처럼 이해하는 분 아무도 없네,

어둡고 냉혹한 날들이 올 때;

예수님처럼 그렇게 가깝고, 그렇게 사랑스런 분 없네.

그 분에게 너의 모든 짐 내어 맡기세.

No one understands like Jesus,

He' a friend beyond compare.

Meet him at the throne of mercy,

He is waiting for you there.

No one understands like Jesus,

When the days are dark and grim,

No one so near, so dear as Jesus.

Cast your every care on Him.

하나님은 우리의 상황을 이해하시기 때문에 우리의 언어로 말씀하십니다. 때로는 아내도 나의 처지를 이해 못 할 때가 있습니다. 남편도 내 처지를 이해 못 할 때가 있습니다. 담임 목사님도 내 상황을 이해 못 할 때가 많습니다. 부모님도, 형제자매도, 친구도 내 형편을 이해 못 할 때가 많습니다. 그러나 하나님은 나의 모든 형편과 처지를 이해하십니다. 하나님은 우리의 모든 것을 이해하십니다.(We are understood by God)

오늘 성경말씀을 보십시오. "모인 군중 가운데 일부는 제자들이 자기들의 언어로 말하는 것을 들었다"고 기록하지 않고 있습니다. 아닙니다. 절대로 그렇게 말하지 않고 있습니다. "큰 무리가 모여 각각 자기의 방언으로 제자들이 말하는 것을 들었다"고 했습니다.(No. Absolutely not! It says, "each one heard them speaking in the nation language of each") 하나님은 아십니다.(God knows us) 하나님은 우리의 형편과 처지를 아십니다.(God knows our situation and our location)

　마지막으로 오순절 성령강림 사건은 하나님이 그의 성령을 우리의 특별한 상황에 적용시키시고 계심을 알 수 있습니다. 다시 말하면 하나님은 나의 특별한 상황을 아실뿐만 아니라, 하나님은 나를 대신해서 행동하신다는 말씀입니다. 하나님은 나에게 당신의 성령을 알맞게 적용시키고 계십니다. 그것을 시편 기자는 이렇게 고백하고 있습니다.

　"내가 하늘에 올라갈지라도 거기 계시며

　스올에 내 자리를 펼지라도 거기 계시나이다."(시 139:8)

　하나님은 성령을 개별화시키셔서 내게 보내주십니다.(God individualizes the Holy Spirit to us) 하나님은 세심하게 우리를 돌보고 계신다는 말씀입니다.

　주보에 "오늘 우리 교회를 방문하신 모든 분들을 환영합니다"라고 쓰여 있습니다. 좋은 인사입니다. 그러나 하나님은 더 세심하십니다. 뭉뚱그려서 말씀하시는 것이 아닙니다. 한 개인 한 개인을 따로 돌보십니다. "영헌아, 내가 너를 환영한다. 순자야, 내가 너를 환영한다. 동현아, 내가 너를 환영한다." 이렇게 우리 귀에 대고 말씀하십니다. 하나님은 우리 각 개인을 따로따로 깊이 알고 계시기만 한 것이 아니라 성령을 개인 개인에게 맞도록 개별화해서 우리에게 보내주십니다. 이것을 영어로 "individualizes the Holy Spirit to each of our particular situations"라고 말합니다. 이것을 우리나라 말로 번역한다면 하나님은 성령님을 "맞춤형 성령님"으로 우리에게 보내신다는 말씀입니다.

황우석 박사의 '환자 맞춤형 줄기세포'(Patient-specific stem cells)의 사기사건으로 한국뿐만 아니라 온 세계 과학계가 떠들썩했습니다. 황교수의 환자 맞춤형 줄기세포 배양은 거짓이었다는 사실에 모두 큰 충격을 받았습니다. 국가 정보기관까지 나서서 황교수의 연구를 보호했는데 거짓 보고였다니 어이가 없습니다. 그러나 우리에게 오시는 성령님은 거짓이 아닙니다. 오순절 사건이 그것을 증명합니다. 내게 오시는 성령님은 나에게 맞도록 개별화 되어진 맞춤형 성령님(The person-specific Holy Spirit)으로 임재하십니다. 맞춤형 성령님으로 내게 오셔서 나를 인도하시고 보호하시고 도와주시고 해결해 주십니다. 나에게 꼭 맞는 성령님은 나에게 찾아오셔서 때로는 풀어주시기도 하시고 때로는 하나님을 위해 이용도 하십니다.

어제(토요일) 여권사님 한 분이 제 사무실을 찾아왔습니다. 자녀를 기르는 문제를 갖고 대화를 하다가 그 분이 매우 의미 있는 말씀을 하시는 것을 들었습니다. 부모의 뜻을 따르지 않고 자기들의 생각으로만 행동하려 할 때 속이 상한다는 것입니다. 그런데 어느 날 탕자의 비유에서 큰 교훈을 얻었답니다. 둘째 아들이 재산 분배를 요구하며 가출하려고 할 때 아버지는 끝까지 그의 요구를 거절했어야 했는데 허락을 합니다. 뻔히 잘못될 줄 알면서도 아버지는 둘째 아들에게 절반의 재산을 주어 내보냅니다. 그리고는 매일같이 그 아들이 돌아오기를 기다렸습니다. 탕아가 된 아들이 돌아올 때 버선발로 뛰쳐나가 맞이하여 송아지를 잡아 잔치를 베풀며 기뻐했습니다. 이 기사가 처음에는 이해가 잘 안되었는데 아이들을 기르다보니 이해가 간다고 했습니다. 때로는 아이들이 하고 싶은 대로 풀어주면서도 밤을 지새우며 기다리는 부모의 마음을 갖게 됐다는 것입니다. 큰 깨달음입니다.

그 말씀을 들으며 저도 문득 진리가 깨달아졌습니다. 둘째 아들을 풀어주었지만, 아버지의 마음은 아들에게서 떠나지 않았을 것입니다. 아버지의 마음은 그 아들 곁에 가있었을 것입니다. 여기 아버지는 하나님을 가리킵니다. 둘째 아들이 잘못된 길로 갈 때에 하나님은 그 현장에 언제나 맞춤형 성령님을 보내셔서 가슴 아파하며 함께 하게 합니다. 그리고 끝내는 돌이켜 아버지의 품으로 돌아오도록 그 맞춤형 성령님이 인도하셨을 것입니다. 그 아들을 사랑하는 하나님의 마음이 하나님께서 보내신 성령님 속에 실려 있음이 분명합니다. 맞춤형 성령님을 그 아들과 딸에게 보내주시는 하나님을 보여주는 것이 오순절 사건입니다.

오순절 성령사건은 바로 이것을 깨닫게 합니다. 하나님은 모든 믿는 자에게 언제나 찾아오셔서 함께 하심을 깨닫게 하며, 하나님은 나의 모든 것을 알고 계심을 우리로 하여금 깨닫게 합니다. 지금도 성령님을 우리에게 보내셔서 우리의 형편과 처지를 인도하게 하시는 하나님이십니다. 그 하나님, 그 성령님을 우리 안에 모시고 사니 우리는 이 세상에서 가장 행복한 사람들입니다. 아멘.

왜 무지개를 좋아하십니까?
(Why are you fond of rainbow?)

창세기 9:8-15, 베드로전서 3:20-22

무지개를 싫어하는 사람은 없습니다. 대부분의 사람들은 무지개를 바라보며 좋아합니다. 찬란한 색채를 가진 무지개를 보고 어떤 이는 시(詩)를 쓰기도 하고 어떤 이는 노래를 만들어 부르기도 합니다. 인터넷에 들어가 보았더니 무지개를 주제로 하는 노래들과 시들이 너무 많습니다. 여기 유명한 워즈워드의 시를 소개합니다.

무지개

하늘에 무지개를 바라보면
내 마음은 뛰노나니,

나 어려서 그러하였고

어른 된 지금도 그러하거늘
나 늙어서도 그러할지어다.

아니면 이제라도 나의 목숨 거둬가소서

어린이는 어른의 아버지
원(願)하노니 내 생애의 하루하루가
천생의 경건한 마음으로 이어질진저…….

'무지개 따라가는 어린 아이처럼' 이라는 복음성가도 있습니다

눈부신 햇살 안고 바람과 구름 두 손에 담아
주와 함께 걸어가는 길 내딛는 발걸음 상쾌해.
주와 함께 걸어가는 길, 다시 또 휘파람 불며
날 이끄시네 나의 노래되어, 춤이 되어
내 안에 끝없는 기쁨
나 주와 함께 걸어가리,
주가 날 이끄시네 무지개 따라가는 어린아이처럼
노래하는 천사처럼 나 주와 함께 걸어가리 주가 날 이끄시네.

한 인형극에서 주인공 개구리는 이렇게 노래합니다. "Why are
there so many songs about rainbow?"(왜 무지개에 관한 노래들이

그렇게 많을까요?) 사람들이 무지개를 좋아하고 무지개를 보면서 시를 쓰고 노래를 하는 이유가 여러 가지가 있을 것입니다. 그러나 우리는 오늘 성서적 입장에서 찾아보려고 합니다.

성경에서 무지개가 처음 나타나는 곳은 오늘 우리가 봉독한 창세기 9장에서입니다. 창세기 6장에서부터 하나님이 이 세상을 홍수로 심판하시는 장면이 나옵니다. 어느 날 하나님은 노아에게 인간의 편만한 죄악을 심판하시기 위해 홍수를 내릴 것을 예고 하십니다. 노아에게 방주를 건설토록하고 인간들에게 하나님의 홍수심판 계획을 알리게 합니다. 창 6:5-7에 보면 하나님은 당신이 창조하신 피조물에 대한 한없는 애정과 염려를 갖고 있음을 알 수 있습니다. 그렇게 사랑함에도 심판할 수밖에 없는 상황을 이렇게 표현합니다.

"여호와께서 사람의 죄악이 세상에 관영함(너무 많음)과 그 마음의 생각의 모든 계획이 항상 악할 뿐임을 보시고 땅 위에 사람 지으셨음을 한탄하사 마음에 근심하시고."

하나님께서 인간의 죄악이 관영함을 보시고 "한탄하시며 근심하셨다"는 말은 그 만큼 인간에 대한 사랑이 크셨다는 표현입니다. 범죄한 인간에 대해서조차 사랑을 쉽게 단념하실 수 없었던 하나님의 마음(눅 15:11-24)을 창 6장에서 읽을 수 있습니다. 그러나 하나님은 홍수로 심판하셔서 죄악에 물든 모든 것을, 사람과 동식물까지, 지구상에서 쓸어버리시고 새 세상을 만들기로 결심한 것입니다. 가인의 후

예들과는 달리 셋 가문은 여호와 신앙을 보존하고 전파하는 사명을 잘 감당했습니다. 부패한 세상에서 거룩함을 잃지 않고 믿음의 가문을 세워 번성해 갔습니다. 그러나 세월이 흐르자 셋 가문도 세속의 죄악 된 문명에 동화되어 갔고 하나님 없는 육체적 문화와 가치관의 혼란을 야기시켰습니다. 그들이 쌓아가는 죄악의 무서운 전염성은 마침내 온 지구를 오염시키고 말았습니다. 하나님의 심판을 초래하고 만 것입니다.

하나님은 노아에게 방주를 만들 것을 명하십니다. 120년이라는 오랜 세월에 걸쳐 방주는 제작되었습니다. 120년에 걸쳐 방주를 건조케 하신 것은 그만큼 하나님은 인간들에게 오랜 기간을 참으시며 회개하고 돌아올 기회를 주셨다는 말이기도 합니다. 오래 참으시는 하나님의 모습입니다. 그런데도 인간들은 결국 하나님 앞으로 돌아오지 않았습니다. 마침내 방주 안에 노아의 가족과 각종 동식물들을 한 쌍씩 들여 놓게 한 후 비를 내리기 시작했습니다. 40주 40야 동안 폭우가 쏟아졌으니 온 지면이 물에 잠겨버려 모든 생물들은 사라지고 말았습니다. 하나님의 심판은 이렇게 무섭고 완벽하신 것입니다.

그 후에 하나님은 비를 멎게 하시고 물을 바다로 모이게 한 후에 육지를 드러내셨습니다. 하나님의 대홍수의 심판은 이렇게 끝납니다. 세계의 역사를 다시 시작하는 것입니다. 그리고 하나님이 택한 노아의 가족을 지면에 내려놓으시고 이렇게 축복하십니다. 처음 세상을 창조하실 때와 같은 축복입니다.

"하나님이 노아와 그 아들들에게 복을 주시며 그들에게 이르시되 생육하고 번성하여 땅에 충만하라. 땅의 모든 짐승과 공중의 모든 새와 땅에 기는 모든 것과 바다의 모든 물고기가 너희를 두려워하며 너희를 무서워하리니 이것들은 너희의 손에 붙였음이니라. 모든 산 동물은 너희의 먹을 것이 될지라. 채소같이 내가 이것을 다 너희에게 주노라."(창 9:1-3)

그리고는 하나님은 인간과 다시 언약을 맺습니다. 그 언약의 말씀을 다시 읽어봅시다.

"하나님이 노아와 그와 함께 한 아들들에게 말씀하여 이르시되 내가 내 언약을 너희와 너희 후손과 너희와 함께 한 모든 생물 곧 너희와 함께 한 새와 가축과 땅의 모든 생물에게 세우리니 방주에서 나온 모든 것 곧 땅의 모든 짐승에게니라. 내가 너희와 언약을 세우리니 다시는 모든 생물을 홍수로 멸하지 아니할 것이라 땅을 멸한 홍수가 다시 있지 아니 하리라. 하나님이 이르시되 내가 나와 너희와 및 너희와 함께 하는 모든 생물 사이에 대대로 영원히 세우는 언약의 증거는 이것이니라. 내가 내 무지개를 구름 속에 두었나니 이것이 나와 세상 사이의 언약의 증거니라. 내가 구름으로 땅을 덮을 때에 무지개가 구름 속에 나타나면 내가 나와 너희와 및 육체를 가진 모든 생물 사이의 내 언약을 기억하리니 다시는 물이 모든 육체를 멸하는 홍수가 되지 아니할지라. 무지개가 구름 사이에 있으리니 내가 보고, 나 하나님과 모든 육체를 가진 땅의 모든 생물 사이의 영원한 언약을 기억하리라. 하나님이 노아에게 또 이르시되 내가 나와 땅에 있는 모든 생물 사이에 세운 언약의 증거가 이것이라 하셨더라."(창 9:8-17)

이것을 우리는 '무지개 언약'(Rainbow Covenant)이라고 합니다. 하나님과 언약의 당사자인 노아와 그의 아들들 사이에 맺은 언약입니다. 성경에서의 언약은 하나님의 약속이십니다. 우리 성도들은 무지개를 바라볼 때마다 하나님의 은혜와 사랑이 흠뻑 담긴 언약을 상기하고 그렇게 기뻐하며 좋아하는 것입니다.

첫째로 우리 성도들은 무지개를 바라볼 때마다 위기 가운데 함께 하신 하나님의 은혜와 사랑을 기억합니다. 위기 가운데서 건져주시고 지켜주신 하나님의 사랑, 하나님의 은혜를 받았기에 기뻐하고 감사합니다. 생각해 보십시오. 무지개를 볼 수 있다함은 홍수 심판에서 살아났음을 의미합니다. 구원받은 노아와 그의 가족만이 무지개를 볼 수 있었습니다. 하나님은 모든 인간들을 지면에서 쓸어버렸습니다. 노아 가족만이 살아남았습니다. 무지개를 볼 수 있는 사람은 심판으로부터 구원받은 노아가족 뿐입니다. 심판에서 살아남은 사람만 무지개를 보았습니다.

서양 속담에 "무지개는 대부분이 폭풍우 다음에 온다."(Rainbows often follow storms)라는 말이 있습니다. 무지개가 섰다는 말은 이미 폭풍우가 지나갔다는 의미입니다. 노아의 홍수 심판이 지난 다음에 하나님은 무지개를 세워서 언약의 징표로 삼으셨습니다. 이 성서적 사건을 생각하여 무지개를 보았을 때 무엇을 깨닫게 합니까? "아! 모든 폭풍우는 다 지나갔구나. 홍수는 끝났다"를 깨닫게 합니다. 홍수나 폭풍우는 우리에게 닥쳐진 삶의 문제들을 의미합니다. 그러니 무지개가 섰다는 말은 그 엄청난 폭풍우가 이제는 끝났다는 것을 상징하는 것이 아니겠습니까?

살다보면 우리는 개인적으로 엄청난 폭풍우를 맞이할 때가 있습니다. 불가항력적인 시련과 고통들이 엄습해올 때가 있습니다. 1982년 판 브리테니카 백과사전에는 브라이언 하이스(Bryan Heiss)씨가 당한 믿을 수 없는 사실 이야기를 수록하고 있습니다. 그의 인생 가운데 믿을 수 없을 만큼 나빴던 어느 날(one incredibly bad day)의 비극들이 그에게 닥쳤습니다. 어느날 브라이언이 아침에 일어났더니 아파트 천정에서 물이 새고 있는 것을 발견합니다. 그는 지저분해진 바닥을 청소하기 위해 물을 빨아들이는 진공청소기를 가지러 뛰어나갔습니다. 그때 밖에 세워둔 자동차의 4바퀴가 모두 펑크가 난 것을 발견합니다. 그는 누군가를 부르려고 방안으로 뛰어갑니다. 그러나 전화기로부터 나오는 전기합선으로 자동문이 잠겨버렸습니다. 그는 지하실로 뛰어 내려갔습니다. 차고 안에 있던 차를 누군가 훔쳐갔음을 발견합니다. 그날 오후 브라이언은 ROTC 졸업식에 갔습니다. 그는 불의의 총기사고로 크게 다쳐 즉시 수술을 받아야만 했습니다. 그가 병원에 있는 동안 그의 집 지붕이 무너져 그가 키우는 카나리아가 죽었습니다. 그는 죽은 카나리아를 살펴보기 위해 방을 가로질러 뛰어가다가 미끄러져 넘어지는 바람에 허리를 크게 다쳤습니다. 다시 병원으로 실려 가는 신세가 되었습니다. 신문기자가 브라이언에게 물었습니다. "도대체 어떻게 그렇게 많은 불운한 일들이 하루 동안에 당신에게 일어날 수 있느냐?"는 동정어린 질문을 던진 것입니다. 그는 어처구니가 없다는 듯이 이렇게 답했습니다. "하나님이 나를 죽이려고 꽤나 노력하는 것 같았습니다. 그러나 그는 결국 나를 놓치고 말았습니다."(It looks like God was trying to kill me, but He kept missing). 물론 하나님은 브라이언을 죽이려하시지 않았습니다. 그러나 우리는 그가 왜 그런 느낌을 갖는지 알만 합니다.

가끔 여러분과 저도 불운이 겹치면 "혹시 하나님이 나를 죽이시려고 하나? 하나님이 나를 버리시고 있으신가?"하는 의심을 가질 때가 있습니다. "내가 도대체 얼마나 더 견뎌야하는가?"고 울부짖고 있을 때가 있습니다. "왜요, 왜 나를 이렇게 만드십니까?"(Why me?) 걷잡을 수 없는 폭풍우가 몰아쳐 옵니다. 큰 물결이 일어납니다. 그때 하늘의 구름 뒤에 숨어 있는 무지개를 그려 보십시오. 이제 당신을 위해 무지개가 나타날 것입니다. 그때 하나님께 감사하십시오. "오 하나님! 무지개를 주셔서 감사합니다." 왠지 아십니까? 무지개는 모든 비바람과 폭풍우를 끝냈다는 하나님의 언약의 징표이기 때문입니다. 무지개를 보는 순간 모든 인생의 먹구름은 끝이 납니다.

둘째로 무지개는 본래부터 희망을 상징합니다. 구름 속에서 활모양으로 반원을 그리며 나타나는 무지개는 매우 화려하고 색채가 아름답습니다. 잿빛의 검은 구름들이 뒤덮인 하늘이 벗겨지면서 지루한 장마가 걷히고 아름다운 일곱 가지 색깔의 무지개가 나타나면 우울하고 어두웠던 마음이 밝게 개이면서 의기양양한 기분이 솟아납니다. 그 일곱 가지 색깔이 너무 아름다워 이해인 시인은 다음과 같이 새해 엽서를 만들었습니다.

무지개 빛깔의 새해엽서

빨강
그 눈부신 열정의 빛깔로
새해에는 나의 가족, 친지, 이웃들을 더욱 진심으로 사랑하고
하느님과 자연과 주변의 사물 생명 있는 모든 것을
사랑하겠습니다.
결점이 많아 마음에 안 드는 나 자신을
올바로 사랑하는 법을 배우렵니다.

주황
그 타오르는 환희의 빛깔로
새해에는 내게 오는 시간들을 성실하게 관리하고
내가 맡은 일들에는 인내와 정성과 책임을 다해
알찬 열매를 맺도록 힘쓰겠습니다.

노랑
그 부드러운 평화의 빛깔로
새해에는 누구에게나 밝고 따스한 말씨

친절하고 온유한 말씨를 씀으로써 듣는 이를 행복하게 하는
지혜로운 하루하루를 가꾸어 가겠습니다.

초록
그 싱그러운 생명의 빛깔로
새해에는 크고 작은 어려움이 힘들게 하더라도
절망의 늪으로 빠지지 않고 초록빛 물감을 풀어 희망을 짜는
희망의 사람이 되겠습니다.

파랑
그 열려있는 바다 빛으로
새해에는 더욱 푸른 꿈과 소망을 키우고
이상을 넓혀가며 도전을 두려워하지 않는 용기로
삶의 바다를 힘차게 항해하는 부지런한 순례자가 되겠습니다.

남색
그 마르지 않는 잉크 빛으로
새해에는 가슴 깊이 묻어 둔 사랑의 말을 꺼내
편지를 쓰고, 일기를 쓰고, 시를 쓰고, 그림을 그리며
사색의 뜰을 풍요롭게 가꾸는 창조적인 기쁨을 누리겠습니다.

보라

그 은은한 신비의 빛깔로

새해에는 잃어버렸던 기도의 말을 다시 찾아

고운 설빔으로 차려입고 하루의 일과를 깊이 반성할 줄 알며

감사로 마무리하는 사람이 되겠습니다.

내가 원하는 것을 다른 이에게 거듭 강요하기보다는

조용한 실천으로 먼저 깨어있는 침묵의 사람이 되렵니다.

　노아는 하나님을 신뢰하는 믿음이 있었습니다. 그 믿음으로 120년 동안 방주를 산꼭대기에서 건조했습니다. 만일 믿음이 없었다면 햇볕이 내려쬐이는 맑은 날들이 계속될 때 방주를 만들지 못했을 것입니다. 그러나 40주야 동안 폭우가 쏟아지고 온 지면이 물에 잠겼을 때 노아의 가족들은 두려움과 공포에 휩싸였을 것입니다. 비가 멎었어도 홍수에 대한 두려움이 그들 주변에서 떠나지 않았을 것입니다.

　요즘 우리의 상황도 비슷합니다. 여름에 비가 내리면 낭만에 젖습니다. 겨울에 눈이 내리면 동화의 세계를 여행하는 듯 합니다. 그런데 요즘은 비가 내리면 폭우가 쏟아지면 어떻게 하나 겁이 납니다. 노아의 가족은 더 심했을 것입니다. 그때 하나님은 그들에게 무지개를 보여주셨습니다. 다시는 홍수로 심판하시지 않겠다는 언약의 징표로 삼으시겠다 하셨습니다.

　그러므로 무지개는 노아의 가족들에게 희망의 상징이었습니다. 그러므로 무지개를 볼 때마다 우리는 참으로 아름다운 세상에서 행복하게 살고 있음을 깨닫고 희망을 가질 수 있습니다.

그렇지만 우리 주변에는 이 무지개를 보지 못한 채 뒤얽힌 삶 속에서 신음하며 불행한 인생을 살아가는 사람들이 많습니다. 끊임없이 계속되는 가난, 질병, 차별, 무지 앞에서 서러워하는 사람들이 있습니다. 우울하고 어두운 인생길 위에서 좌절의 한숨을 쉬는 사람들이 있습니다. 그분들에게 구름 속에 숨어있는 무지개를 바라보게 합시다. 폭풍우 다음에 세워질 무지개를 바라보면 희망이 솟아오릅니다.

독일군은 프랑스 파리를 점령하자 즉시 유태인 색출을 시작했습니다. 세계적 희곡 작가인 베루나이르도 숨었던 밀실에서 게슈타포에게 체포되었습니다. 이때 그는 미소를 띠고 말했습니다. "지금까지는 무서워서 떨며 살았지만 이제부터는 해방의 날을 바라보며 희망 속에 살겠군." 지난날의 어두움을 돌아보며 사는 것과 앞날의 희망을 바라보며 사는 인생관과는 큰 차이가 있습니다. 무지개는 우리에게 아직도 희망을 볼 수 있음을 깨닫게 합니다. 예수님은 우리의 희망으로 구원의 무지개를 보여 주시기 위해 이 세상에 오신 분입니다. 예수 그리스도를 통해 무지개를 보고 있는 한 우리에게 희망이 있습니다.

그렇기 때문에 마지막으로 무지개를 바라보면서 하나님과의 언약 관계를 상기하고 되새기게 합니다. 하나님은 무지개를 두고 우리와 영원히 깨뜨릴 수 없는 협정을 맺으셨습니다. 이 협정은 예수 그리스도의 인격과 삶 속에 봉인되었습니다. 베드로는 그의 서신에서 이렇게 말씀하고 있습니다.

"그리스도께서도 단번에 죄를 위하여 죽으사 의인으로서 불의한 자를 대신하셨으니 이는 우리를 하나님 앞으로 인도하려 하심이라. 육체로는 죽임을 당하시고 영으로는 살리심을 받으셨으니 그가 또한 영으로 가서 옥에 있는 영들에게 선포하시니라. 그들은 전에 노아의 날 방주를 준비할 동안 하나님이 오래 참고 기다리실 때에 복종하지 아니하던 자들이라 방주에서 물로 말미암아 구원을 얻은 자가 몇 명뿐이니 겨우 여덟 명이라. 물은 예수 그리스도께서 부활하심으로 말미암아 이제 너희를 구원하는 표니 곧 세례라 이는 육체의 더러운 것을 제하여 버림이 아니요 하나님을 향한 선한 양심의 간구니라. 그는 하늘에 오르사 하나님 우편에 계시니 천사들과 권세들과 능력들이 그에게 복종하느니라."(벧전 3:18-22)

세례의 물은 노아의 시대에 지면을 덮었던 물을 상기시킵니다. 그 물은 이 세상의 모든 죄악을 씻어 버렸습니다. 따라서 세례는, 무지개처럼, 하늘과 땅을 창조하신 하나님과의 언약관계를 상기시킵니다. 무지개를 통해서 당신과의 언약된 백성임을 상기 시키시는 하나님은 세례를 통해서 우리를 하나님의 자녀로 확증하십니다.

사랑하는 성도 여러분! 무지개는 폭풍우 후에 나타납니다. 우리에게 승리하였음을 보여주는 증표입니다. 노아시대에 무지개를 보지 못한 사람들은 이미 지면에서 사라졌습니다. 노아는 무지개를 보았습니다. 그는 홍수 심판에서 살아남은 자이기 때문입니다. 따라서 무지개는 하나님과의 언약관계를 갖고 있는 하나님의 자녀가 되었음을 상기

시키는 징표입니다. 그것을 오늘날 세례를 통해서 확인시킵니다. 우리는 영적 무지개가 우리 안에 있기에 언제나 기쁨과 소망 속에서 자신감을 갖고 살아갈 수 있습니다. 무지개를 보는 한 우리는 두려워하지 않습니다. 죄악의 심판을 바라보며 공포에 떨지 않습니다.

성도들은 무지개를 바라보노라면 우리를 구원하시기로 굳게 약속하고 계시는 하나님의 눈길을 발견할 수 있습니다. 곤경에 처할 때마다 무지개를 바라보며 하나님의 사랑을 기억합시다. 잿빛의 먹구름 위로 찬란한 태양이 빛을 발하고 있듯이 우리의 아픔과 시련 위에 폭풍우를 잔잔케 하시는 하나님의 은혜와 사랑이 있음을 잊지 맙시다.

미국 대륙에 철도가 부설될 때 큰 산맥을 꿰뚫는 공사에 난관이 많았습니다. 그 당시 헨리 카이저(Henry Kaiser)라는 유명한 공사 감독이 있었습니다. 한 번은 큰 폭우가 산사태를 일으켜 공사 기재들이 진흙 속에 묻혀버렸습니다. 인부와 기술자들은 비통한 얼굴로 진흙더미를 바라보고 있었습니다. 그때 카이저가 나타나 명랑한 음성으로 말했습니다. "왜들 그렇게 슬픈 낯을 하고 있습니까?", "카이저 씨, 저 진흙더미 산이 보이지 않으십니까?", "안 보입니다. 내 눈에는 푸른 하늘이 보입니다. 이 진흙들은 말끔히 없어지고 이 산에 멋진 굴이 뚫어져 그 굴로 신나게 달리는 기차가 보입니다."

그렇지 않습니까? 잿빛의 먹구름만 바라보지 말고 구름 위에 감춰진 무지개를 볼 수 있어야 합니다. 그것이 우리의 희망이요, 비전입니다. 하나님이 우리를 위해 예비해 두신 희망의 약속이 무지개 속에 들어 있습니다.

납기탁 목사

단국대학교 사학과와 장로회신학대학교를 졸업하고 아세아연합신학대학원에
서 석사학위를 받았으며, 풀러신학대학에서 박사학위를 받았다. 반송중학교를
설립했으며, 탄광산업선교와 경성대학교신과대학 객원교수와 오륙선교회 회장
을 역임했으며 현재 예장(통합)총회 규칙부장이면서 부천 복된교회 담임목사이
시다.

하나님의 사랑과 축복을 받을 성도

누가복음 2:40-52

오늘 성경 말씀의 줄거리와 핵심적 내용은 이렇습니다. 예수께서 헤롯이 죽기까지 애굽에서 피난하신 후 나사렛으로 올라와 장성하시어 12세가 되셨습니다. 유대인의 결례를 따라 유월절 기간 동안 부모님과 함께 예루살렘에서 성전으로 가셔서 하나님께 예배를 드리는 내용입니다.

그러나 예배 후에 미아(迷兒)로 남게 되시어 3일이나 성전에 머물면서 율법의 대가들과 더불어 성경 말씀을 토론하며 깊은 대화를 나눈 뒤 3일후는 부모님을 만나 나사렛으로 돌아가 순종하고 하느님을 받드시며 생활하셨습니다.

오늘 성경 말씀이 우리에게 주는 영적 의미란, 그리스도인이 축복을 받고 사는 비결은 예수님처럼 행동해야 한다는 것입니다.

첫째는 영적으로 성장해야하고, 둘째는 성전을 사랑해야 하며, 셋째는 말씀을 사모해야 한다라고 말씀하고 있습니다. 이런 측면에서 말씀을 상고해 보도록 하겠습니다.

1. 성장하는 성도가 되어야 하나님의 사랑과 축복을 받을 수 있습니다. (눅 2:40, 52)

"아기가 자라며 강하여지고, 지혜가 충족하며 하나님의 은혜가 그 위에 있더라"(40) 고 했으며, "예수는 그 지혜와 그 키가 자라며 하나님과 사람에게 더 사랑스러워 가시더라"고 했습니다.(52) 그래서 예수님은 육체적으로나 지혜적인 측면에서 성장해 가면서 하나님과 사람에게 사랑을 받았다고 했습니다.

이 말씀은 성장해야 하나님과 사람에게 사랑과 축복을 받을 수 있다는 깊은 의미를 가지고 있는 말씀입니다.

그러므로 "대저 젖을 먹는 자마다 어린아이니 의의 말씀을 경험하지 못한 자요, 단단한 식물은 장성한 자의 것"(히 5:13-14)이라고 했습니다. 어쨌든 젖은 한 두 살짜리인 아기나 먹는 것입니다.

얼마 전(2006년 11월 초순경) TV를 시청하다가 깜짝 놀랄만한 사건을 보았습니다. 26세나 된 청년이 젖 밖에는 먹지 못하는가 하면 애기처럼 등에 업혀있었습니다. 그 부모로부터도 사랑보다는 학대를 받으며 짐승 이하의 취급을 받고 있었습니다. 더 놀라운 것은 그 나이에도 2~3세 정도의 어린아이와 같은 체격을 가지고 있었습니다. 게다가 자해로 말미암아 머리에 뿔 아닌 뿔 같은 것이 튀어나와 있었습니다.

소위 자라지 못하니까 친 부모도 사랑과 축복을 하지 아니하고, 천덕꾸러기가 된 모습을 보면서 오늘날 그리스도인이 하나님의 사랑과 축복을 받으려면 반드시 영적 성장이 있어야 하겠다는 사실을 다시 한번 알게 되었습니다.

예수께서 하나님과 사람에게 사랑스러웠던 것은 그의 키와 지혜가 자라 갔기 때문이었습니다.

오늘 우리가 사랑과 축복을 받으려면, 믿음이 성장하고, 신앙생활이 성장해야 합니다. 10년을 믿어도 성수 주일, 십일조, 성경 읽기, 전도 하나 하지 못했다면 성장은 이미 멈춘 것입니다. 영적으로 자라려면 마치 식물이 자라듯이 또는 가축이 자라듯이 쑥쑥 자라야만 합니다.

에베소서 4:15은 "범사에 그에게까지 자랄지니"라고 했으며, 베드로후서 3:18은 "오직 구주 예수 그리스도의 은혜와 저를 아는 지식에까지 자라가라"고 했습니다. 그러므로 범사에 사랑과 축복을 받기 위해서는 영적으로 무한한 성장이 있으시길 진심으로 축원합니다.

2. 성전을 사랑할 줄 알아야 하나님의 사랑과 축복을 받을 수 있습니다.(49)

어떤 주석에 보면 당시 유월절 행사가 끝나고 나면 왕왕 수십 명씩의 미아가 발생했다고 합니다. 어떤 의미에서 본다면 예수님도 12살이니까 미성년자이므로 미아라고 할 수 있겠습니다.

그러나 예수님은 3일 동안이나 미아로 남아 있으면서도 울부짖으며 부모를 찾아 헤매인 것이 아니라 성전 구석구석을 살피고 돌아보며 성전을 사랑하게 되었습니다. 그러나 부모인 요셉과 마리아는 얼마나 애타게 자식을 찾아다녔겠습니까?

비로서 3일 후에 예수님을 찾아왔을 때는 이렇게 야단쳤습니다. "아이야 어찌하여 우리에게 이렇게 하였느냐. 보라, 네 아버지와 내가 근심하여 너를 찾았노라."

그 때 예수님은 대답합니다. "어찌하여 나를 찾으셨나이까? 내 아버지 집에 있어야 될 줄을 알지 못하셨나이까?" 성전에 머무르며 성전에서 보내게 된 것을 당연시 하였습니다. 한마디로 예수께서는 비록 소년이셨으나 성전을 사랑했음을 보여주는 분명한 증거라고 할 수 있겠습니다.

이와 마찬가지로 그리스도인이 성전을 얼마나 사랑하느냐에 따라서 하나님의 사랑과 축복을 받는 데는 차등이 생기기 마련인 것입니다.

오늘도 유대 경건한 사람들이 성전 터였던 통곡의 벽으로 나와 기도를 드린 후 돌아갈 때는 마치 사극(史劇)에서 왕을 알현(謁見)한 후에는 뒷걸음질로 물러나는 신하들처럼 뒷걸음질로 돌아가는 모습을 볼 수 있었습니다.

그래서 다윗과 솔로몬이 어떻게 축복을 받았는가를 살펴보았습니다. 그랬더니, 가장 큰 원인이 성전을 사랑했기 때문임을 알게 되었습니다. 시편 120편-134편 이 모두가 다 "성전에 올라가는 노래"였습니다. 이 중에서 다윗의 시가 4편이요, 솔로몬의 시가 1편이었습니다.

사랑하는 성도여러분! 성전을 사랑합시다. 성전을 사랑하는 것은 곧 예수 그리스도를 사랑하는 것입니다. 왜냐하면 그 이유는 성전이 곧 교회인데 교회는 그리스도께서 자기의 피로 값 주고 사신 몸이기 때문입니다. 그러므로 성전을 사랑하게 되면 다윗처럼 예수님처럼 축복을 받을 수가 있을 것입니다.

3. 하나님의 말씀을 사모하면 하나님의 사랑과 축복을 받을 수 있습니다.(46-47)

하나님의 말씀을 사모해야 될 이유는 "주의 말씀은 내 발의 등이요, 내 길에 빛이라"고 했기 때문입니다.(시 119:105) 그래서 시편 기자는 주의 말씀을 꿀송이 보다도 더 달게 사모했다고 했습니다.(시 119:103)

흔히 결혼한 신랑신부를 일컬어 "허니문(Honey Moon)을 들어서는 자" 라고 하는데, 그만큼 신랑 신부에게 결혼은 꿀송이의 맛과 같다는 뜻을 의미합니다.

하나님의 말씀을 꿀송이를 맛보듯 사모한다면 하나님은 축복해 주실 수밖에 없습니다. 왜냐하면 "내가 주의 계명을 사모하므로 입을 열고 헐떡였나이다."(시 119:13) 라고 고백했기 때문입니다.

그리고 계속됩니다. "내가 주께 범죄치 아니하려 하여 주의 말씀을 내 마음에 두나이다."(시 119:11) "내가 모든 재물을 즐거워함 같이 주의 증거의 도를 즐거워하였나이다."(시 119:14) "청년이 무엇으로 그 행실을 깨끗케 하리이까 주의 말씀을 따라 삼갈 것이니이다."(시 119:9)

사랑하는 성도 여러분!

하나님의 말씀을 사모하십시오. 말씀을 사모하는 것이 곧 예수님을 사모하는 것입니다. "태초에 말씀이 계시니라 이 말씀이 하나님과 함께 계셨으니, 이 말씀이 곧 하나님이라"(요 1:1)고 하였습니다. 여기서 이 말씀이라고 한 것은 곧 말씀이 육신이 되신 예수님을 지칭하고 있습니다.

그러므로 말씀 그 자체가 되는 주님을 사모함으로 축복의 주인공이 되시기를 진심으로 축원합니다. 아멘.

성령을 충만히 받은 결과

사도행전 2:1-21

하나님은 천지 만물을 창조하시고 그 창조한 만물을 어느 하나 부족함이 없이 풍족하게 언제 어느 때 어디서나 마음대로 활용할 수 있도록 사람에게 선물로 주셨습니다. 그리고 그 중에서도 특별한 선물 3가지를 별도로 주셨는데,

첫째는 구원의 주가 되시는 '예수 그리스도' 요

둘째는 생명의 양식이 되는 '성경' 이요

셋째는 심령을 새롭게 하고 넘치는 기쁨을 주시는 '성령' 입니다.

하나님은 성령을 선물로 주시기 위해 요엘 선지자를 통해 BC 800여년 전에 말씀하셨습니다. "내가 내 신을 만민에게 부어 주리니 너희 자녀들이 장래일을 말할 것이며, 너희 늙은이는 꿈을 꾸며, 너희 젊은이는 이상을 볼 것이며……."(욜 2:28-29)

또 다른 곳에도 같은 내용을 말씀하셨습니다. "그 때에 내가 내 영으로 내 남종과 여종들에게 부어 주리니……." (행 2:18)"

여러분, 남종과 여종이라는 말은 말할 것도 없이 남녀노유 동서고금 모든 사람을 통칭하는 말로서 하나님의 신이신 성령을 우리 가운데 충만하게 물 붓 듯이 부어 주시겠다고 하신 약속입니다.

그리고 예수님은 승천을 앞두고 사도들에게 이르셨습니다.

"예루살렘을 떠나지 말고 내게 들은바 아버지의 약속하신 것을 기다리라!"(행 1:4) 여기 '약속하신 것' 이란 또 무엇인가요? 곧 요엘 선지자를 통해 말씀하신 "성령"을 가르치는 말씀입니다.

마침내 이렇게 약속된 성령은 800여년 뒤 초대 오순절 날 하늘로부터 급하고 강한 바람같은 소리와 함께 충만히 임하기 시작했습니다.

성경은 말합니다. "홀연히 하늘로부터 급하고 강한 바람 같은 소리가 있어 저희 앉은 온 집에 가득하며 불의 혀 같이 갈라지는 것이 저희에게 보여 각 사람 위에 임하여 있더니 저희가 다 성령의 충만함을 받고 성령의 말하게 하심을 따라 다른 방언으로 말하기를 시작하니라."(행 2:2-4)

우리는 '훈기' 라는 말을 자주 사용합니다. 훈기란 방안을 덥게 하는 기운으로서 육안으로는 볼 수 있는 것이 아닙니다. 몸과 피부로 더운 기운인 훈기가 가득함을 느끼게 됩니다. 동시에 모든 가족들이 땀을 흘리며 벌겋게 얼굴이 달아올라 홍안이 되는 모습을 육안으로도 볼 수 있습니다.

성령강림이란 우리가 육안으로는 보기에 어려운 것이지만 초대교회 시절 강림해 오셨던 성령은 심령으로 느끼는 것은 말할 것도 없고 육안으로도 다락방에 모였던 모든 사람들로 하여금 모두가 다 볼 수 있게 임했습니다. 한마디로 표현하면 초대교회 성도들은 영적으로 황홀지경에 빠지는 등 신비감에 놀랍도록 사로잡히게 되었습니다.

내가 지금 몸 안에 있는지, 몸 밖에 있는지 구분하기조차 어려울 정도로 황홀지경에 도취되어 있었습니다. 성경을 알고 있던 자들은 (욜 2:28-31) 이것이 성령강림인 것을 알게 되었습니다. 그러나 성경을 잘 모르는 사람들은 성령강림을 부인하는 동시에 이 광경을 보면서도 초대교회 성도들을 향해 "새 술에 취했다"고 조롱까지 발설했던 것입니다.

그 후 2000여 년 동안 성령님의 역사는 동서남북을 불문하고 주님의 이름으로 모여 기도하는 곳곳이라면 강하게 역사했고 또한 지금도 역사하고 있으며 미래에도 모든 갈망하며 기도하는 사람은 반드시 성령이 충만하게 임하게 될 줄로 믿습니다.

찬송가 175장을 힘차게 불러봅시다.

성령이여 우리 찬송 부를 때 진심으로 찬양 하게 합소서.
성령이여 우리 기도 드릴 때 우리 곁에 계셔 일러주소서.
성령이여 우리 성경 읽을 때 그 속에서 빛을 보게 합소서.
성령이여 우리 전도 할 때에 지혜로운 말씀 주시옵소서.
성령이여 우리 겸손해져서 우리 주와 같이 되게 합소서. 아멘 찬송 부를 때, 성경 읽을 때, 기도할 때, 또는 복음을 전할 때 성령께서 우리와 함께 동행해 주시고 강하게 강하게 역사해 주시는 줄을 확신하시기 바랍니다.

수도권에서 좋은 아파트 하나만 신축되면 청약 열기는 대단해집니다. 그러나 중요한 것은 그 아파트가 아무리 최신형 모델에다 가장 좋은 시설을 갖추고 현대적 감각에 맞추어 꾸몄다고 할지라도 그 집에 입주해 사는 사람에게 필요한 가재도구가 없다면 무슨 평강이 있겠습니까.

이처럼 성령을 충만히 받았다고 할지라도 결과에 풍성한 열매가 없다면 그 누가 그렇게 큰 기대를 할 수 있겠습니까? 그러나 성령을 충만히 받으면 놀라운 결과가 나타나게 될 것입니다.

1. 성령은 충만하면 할수록 사람들은 충만한 기쁨을 누립니다.

선물을 받고 기뻐하지 않을 사람은 아무도 없습니다. 특별히 어린 아이들은 아무리 많은 선물을 받았다고 할지라도 현재 자기가 가지고 있는 선물보다 더 좋은 선물이 생기면 이미 가지고 있던 것들은 다 버린 후 제일 좋은 것 하나만 취하고서 어쩔 줄을 몰라 합니다.

성령(聖靈)이란 선물도 이와 같습니다. 세상에서 아무리 좋은 재물이나, 명예나, 권력이나, 직위를 가지고 있다고 할지라도 최종적 선물인 성령 충만만 받으면 나머지 것들은 아무리 좋은 것들이라고 할지라도 다 내버리고 성령 충만으로 새로운 삶을 사는 사람들을 볼 수 있습니다.

누가 이렇게 바보 같은 짓을 했습니까? 누가 이렇게 어리석은 짓을 했습니까? 초대 오순절 때 사람들이 이와 같았습니다. 베드로가 그러한 사람 가운데 한 사람이었습니다. 사도 바울도 그 가운데 한 사람이었습니다.

베드로는 평생 직업인 그물을 버리고 예수님을 따랐습니다.(마 4:20) 바울은 난지 8일 만에 할례 받은 자로써 베냐민지파의 사람이요 히브리인중의 히브리인이요 높은 지위와 고상한 지식과 놀라운 권세를 가지고 있으면서 예수 믿는 사람들을 박해했던 자이지만 성령을 선물로 받은 후로는 이 모든 세상의 좋은 것들을 다 배설물처럼 버린 후 예수님만을 따랐습니다.(빌 3:5)

왜? 이렇게 했습니까? 그 이유는 성령이란 최고의 선물을 받았기 때문에 세상의 다른 그 어떤 것들도 다 배설물처럼 여겨졌기 때문입니다. 그리고 성령 충만 만이 최고의 기쁨이 되었기 때문입니다. 그래서 오순절 때의 성도들은 성령을 받은 후 '날마다 기쁨이 충만했다'고 했으며,(행 2:46)

바울도 '항상 기뻐하라'고 했고,(살전 5:16) 더 나아가 사마리아 성은 성령을 받은 후 '온 성이 기쁨에 충만했다'라고 했습니다.(행 8:8) 그리고 사도 베드로는 오순절때 '말씀을 선포하던 중 기쁨이 충만했다'고 했습니다.(행 2:26-28)

자녀가 시험에서 100점을 받아오면 얼마나 기쁜지 모릅니다. 그러나 그 다음 날부터는 그다지 기쁘지 않습니다. 왜냐하면 그 아이는 다음에 100점을 더 이상 못 받는다면 어떻게 하나라는 염려 때문이요, 부모는 그 다음 또 100점을 받았으면 하는 기대감이 있기 때문입니다.

하지만 성령 충만은 그런 일시적인 기쁨이 아니라 끝없이 끝없이 샘솟듯이 충만해지는 기쁨입니다. 그러므로 성령 충만의 첫 번째 열매인 결과가 곧 "기쁨"이 되는 줄을 확신하는 여러분이 되시기를 진심으로 축원합니다.

2. 성령을 충만히 받으면 받을수록 강하고 담대해집니다.

성경 전체에서 약 360번 정도 강하고 담대하라, 두려워하지 말라, 놀라지 말라는 말씀이 나타나는데 이 말씀의 다른 측면에서의 의미는 "성령을 충만히 받으라"는 말씀입니다. 왜냐하면 성령 충만만 받으면 강하고 담대해지기 때문입니다. 그러므로 병원에서 몇 개월밖에 못산다는 죽음을 언도 받은 사람이라고 할지라도 성령 충만만 받는다면 그 사람은 담대해 집니다.

처음부터 강하고 담대한 사람은 그렇게 많지 않습니다. 그러나 세례요한은 당시 절대 군주였던 헤롯 왕을 향해 동생의 아내 헤로디아를 취하는 것이 옳지 않다는 말을 강하고 담대히 전했습니다.(마 14:3~4) 그리고 예수님도 세례를 받고 성령을 충만히 받은 후 헤롯 왕을 향해 "저 여우 같은 자"라고 강하고 담대히 책망 했습니다. (눅 4:1, 13:32)

그런데 세례요한은 모태로부터 성령의 충만함을 입었다고 했습니다.(눅 1:15) 요단강에서 세례를 베풀 때에 세례를 받으러 나오는 유대인들을 향해 "이 독사의 자식들아 누가 너희를 가르쳐 임박한 진노를 피하라 하더냐 도끼가 이미 나무뿌리에 놓였느니라. 그러므로 회개치 아니하면 찍어 불에 던지우리라!"고 하면서 합당한 열매를 맺으라고 했습니다. (마 3:7~8)

어떻게 이렇게 강하고 담대하게 외칠 수 있었겠습니까? 성령을 충만히 받았기 때문입니다. 여러분, 그러므로 성령을 충만히 받으시길 진심으로 축원합니다.

오늘 본문 14절 이하는 베드로가 강하고 담대히 외치는 설교입니다. 이렇게 해서 예수님이 체포당해 가실 때 3번씩이나 부인하던 베드로가 어떻게 그렇게 강하고 담대히 외칠 수 있었겠습니까? 성령을 충만히 받았기 때문입니다. 오순절 때 성령을 충만히 받지 못한 자들은 사람마다 두려워했다고 했습니다. (행 2:43)

그러나 베드로와 요한은 앉은뱅이를 향해 강하고 담대히 "나사렛 예수 그리스도의 이름으로 걸어라"고 외쳤습니다. 그때 그 앉은뱅이는 성령의 능력으로 온전해졌습니다. (행 3:1~10)

사랑하는 성도 여러분! 지금도 성령 충만을 받으면 사단에 대해, 세상에 대해 강하고 담대해 질 수 있습니다. 그러므로 세상을 두려움으로 살지 마시고 성령 충만을 받으므로 강하고 담대하게 사시길 진심으로 축원합니다.

3. 성령을 충만히 받으면 받을수록 복음을 담대히 전할 수 있습니다.

그리스도인이 전도해야 한다는 것은 모두가 다 잘 알고 있습니다. 그런데도 쉽게 전하지 못하는 것은 용기가 없고 또한 전한다고 할지라도 상대방이 내게 대하여 어떻게 생각할까하는 쓸데없는 공상과 두려움 때문입니다.

며칠 전 신문에 미국의 복싱 선수였던 조지 포먼에 관한 이야기가 실렸습니다. 포먼은 복싱 가운데 몸무게가 가장 많이 나가는 헤비급 챔피언이었습니다. 포먼이 세계 챔피언이 된 뒤 어느 날 갑자기 하나님의 큰 은혜를 받고 신학을 공부해 목사가 되었습니다. 그리고 죽어가는 영혼을 위해 복음을 전하다 돈이 다 떨어지고 말았습니다.

복싱은 돈을 가장 많이 버는 스포츠입니다. 짧은 시간에 복싱만큼 많은 돈을 버는 스포츠도 없습니다. 한 번 때리고 한번 맞을 때마다 1초에 10만 불씩 돈을 번다고 합니다. 포먼은 20년 지난 후 그의 나이 45세가 되었을 때 다시 복싱을 시작했습니다. 그러나 복싱은 24살이 전성기이며 27살만 되어도 노인이라고 합니다. 한창 젊었을 때에 때리고 맞고 하는 것이지 나이 들어서는 못합니다. 그런데도 기도하는 중에 주께서 도와주실 것이라는 확신을 갖고 45세에 다시 복싱을 재기했습니다.

그 때 온 세계는 그가 치매기가 있다고 비웃었습니다. 자기 아들 또래 같은 선수하고 같이 싸우게 되니 그게 되겠습니까? 20년 사이에 새로운 챔피언들은 또 얼마나 많이 배출됐습니까? 그런데도 얼마 전에 드디어 또 다시 세계 챔피언이 되었습니다. 일순간에 벌어들인 광고 계약금만도 2400만 불이나 되었습니다. 그런데 포먼은 그 돈 전액을 전도비에 쓰겠다고 했습니다. 참으로 놀라운 일이 아닐 수 없습니다.

겁쟁이 베드로가 담대히 하나님의 말씀을 전했던 것이나, 세계적인 챔피언이 된 조지 포먼이 화려한 선수 생활을 접고 그 모든 돈을 다 전도비로 사용하겠다고 선언한 것은 다른데 있는 것이 아니라 오직 성령을 충만히 받았기 때문입니다.

사랑하는 성도 여러분! 성령강림절에 성령을 충만히 받으십시오. 그리하면 첫째는 기쁨이 충만하게 되고, 둘째는 강하고 담대해져서 세상을 자신 있게 사는 동시 말씀을 증거 하는 놀라운 주인공이 될 수 가 있을 것입니다. 아멘.

전용재 목사

감리교신학대학교와 대학원을 졸업하고, 미국 클레아몬트신학대학원에서 석사
와 박사를 했다. 협성신학대학교 교수를 역임했으며 현재 양평대한수도원 원
목, 감리교신학대학 객원교수, 웨슬리신학대학원(워싱턴) 재단이사이며 분당
불꽃교회 담임목사이시다.

결코 포기하지 말라

왕하 7:1-8

영국의 수상으로서 2차대전을 승리로 이끌었던 윈스턴 처칠이 모교인 햄로우 대학의 초청을 받아 갔을 때였습니다. 전쟁에선 승리했으나 전쟁의 흔적으로 인해 국민들이 여러 가지 어려움으로 실망과 좌절을 가지고 살고 있었던 때입니다. 그때 처칠을 초대한 교장은 학생들에게 그들의 대선배인 처칠 경의 연설을 하나도 빼놓지 말고 필기하도록 준비시키고 그리고 모두를 강당에 모았습니다. 마침내 그가 노구를 지팡이에 의지하며 강단에 섰습니다. 그는 두꺼운 돋보기안경 너머로 후배들을 바라보며 연설을 시작했는데, 그가 한 말은

"결코 포기하지 마십시오!"
"결코 포기하지 마십시오!"

"결코 포기하지 마십시오!"

지팡이를 짚고 강단을 떠나면서도 말했다고 합니다.

"결코, 결코⋯⋯." 그러고는 연단에서 내려와 뚜벅뚜벅 걸어 나갔다고 합니다.

요즘 우리는 살기 어려운 때를 살아가고 있습니다. 세상을 바라보면 희망은 보이지 않는 경제·정치·교육·사회·환경이 보입니다. 그래서 그런지 우리나라에는 다른 나라에서는 볼 수 없는 요상한 방들이 많이 있습니다. 찜질방, PC방, 노래방, 대화방. 그런데 최근 중국에는 이색적인 방이 등장을 했다고 합니다. '눈물의 방'이 그것입니다. 난징 시내 한 호텔 1층에 쿠바라는 눈물의 방이 문을 열었는데 이곳은 울고 싶은 사람들이 실컷 울고 갈수 있는 시설을 갖췄다고 합니다. 1시간 동안 실컷 울고 가는데 50위안(우리 돈으로는 7,500원)의 입장료를 내야 한다고 합니다. 눈물의 방에 들어가면 사무용 책상 위에 빗과 고춧가루 물, 통마늘 등이 준비되어있고 울다가 집어던질 수 있는 유리잔, 인형등도 준비되어 있다고 합니다. 하루 수십 명이 찾아오는데 대부분은 여자들이라고 합니다.

울고 싶은 사람이 많은 곳은 중국뿐 만이 아닐 것 입니다. 요즘 경기가 안 좋은 여파로 매운 음식, 매운 닭고기 요리가 인기를 얻고 있다는데 비슷한 논리가 아닐까 생각합니다. 그러나 우리 신자들은 일부러 돈 내고 눈물의 방에 갈 필요가 없습니다. 울고 싶으면 교회 와서 실컷 우세요. 예수 믿는 사람에겐 그런 것들이 필요 없습니다.

인간은 울면서 태어납니다. 재벌 손자로 태어나고 대통령이나 왕의 아들로 태어나는 아이라도 히죽이 웃고 태어나는 아이는 없습니다. 모두 울면서 태어납니다. 그리고 한평생을 살면서 웃고 즐겁고 재미나고 행복한 날들보다는 걱정과 근심, 염려와 수고 때문에 한숨 쉬는 날들이 더 많다는 것을 경험하게 됩니다. 누구도 한숨 쉬고 걱정하고 울면서 살기를 원하지 않습니다. 그러나 내 뜻대로 안 되는 것이 세상일 입니다. 그래서 인생은 울면서 태어나서 울면서 떠나간다는 말은 진리인 것입니다.

어렵고 힘든 일을 당할 때 그 일을 대처하는 태도는 두 가지가 있을 수 있습니다.

첫째는 절망하고 포기하는 사람이 있습니다.

절망하는 사람들은 순식간에 절망하는 것이 아니라 생각하고 연구하고 고민하다가 절망을 결정하고 밤을 새워 더욱 더 절망에 빠져드는 것입니다. 러시아의 대 문호였던 톨스토이는 "모든 사람들이 세상을 바꾸겠다고 생각하지만 어느 누구도 자기 자신을 바꿀 생각은 하지 않는다."고 했습니다. 바꾸려고 하면 바꿀 수 있는 것이 세상일이고 나 자신입니다. 그런데 일이 조금만 어려우면 포기해 버리고 낙심하고 한숨 짓는 것입니다. 여러분, 바꿔야할 것은 세상이 아니라 우리의 생각입니다.

지난 주 통계청 발표에 따르면 사망 원인 가운데 자살이 지난 94년 9번째였지만 10년 만에 4번째로 높아져 심각한 사회 문제로 떠오르고 있다고 합니다. 지난 주간에도 부산에 사는 어느 가장의 자살 사건이

뉴스로 알려져 많은 안타까움을 주었듯이, 요즘은 절망 끝에 자살하는 사람도 늘어나고 있습니다. 자살은 방법이 아닙니다. 포기하지 않는 사람이라면 자살할 수가 없습니다. 오늘 본문에서는 먹을 것이 없어 굶주린 이들이 자신의 자식들을 삶아 먹는 비참한 상황을 이야기하고 있습니다. 그러나 이런 상황에서도 몇 나병환자들은 굶어죽을 바에는 아람 진에 가서 살 길을 찾아보다가 죽더라도 죽자고 결정을 합니다.

여러분, "죽는 것보다는 사는 것이 낫습니다."

주변에 낙심하고 좌절한 사람들에게 이런 말로 권면하고 희망을 주어야 하겠습니다. 아들을 잡아먹는 희망이라고는 하나도 없는 상황에서 엘리사에게 하나님은 감동을 주셔서 희망의 메시지를 말하게 합니다. 말도 안 된다고 생각할 수 있으나 많은 사람들은 잠잠한 중에, 그것을 말로 표현함으로 불신의 말을 하게 된 군대 장관이 있습니다. 예수 믿는 사람은 할 말과 안 할 말, 할 생각과 안 할 생각을 분별해야 합니다. 엘리사의 예언대로 그 군대 장관은 기근이 해결되는 시점에 그만 인파에 깔려 죽게 됩니다. 아무리 부정적인 상황에서라도 긍정적인 생각과 말을 하여 하나님의 역사를 구해야겠습니다.

반면에, 희망을 품고 도전하는 사람이 있습니다. 존 맥스웰(John Maxwell)이라는 미국 감리교의 유명한 목사님이 계십니다. 그는 감리교회 안에서 뿐 아니라 기업에서도 유명하여 모든 기업의 지도력 세미나 즉 리더쉽 세미나에 일가견이 있는 분입니다. 그 분이『생각의 법칙(Thinking for a change)』이라는 책을 썼습니다. 저자는 그 책

속에서 말합니다.

생각을 바꾸면 믿음이 달라진다.
믿음이 달라지면 기대가 달라진다.
기대가 달라지면 태도가 달라진다.
태도가 달라지면 행동이 달라진다.
행동이 달라지만 실력이 달라진다.
실력이 달라지면 인생이 달라진다.

생각이 달라지면 믿음이 달라집니다. 긍정적인 생각을 가지세요. 소망의 생각을 가지세요. 창조적이고 생산적인 생각을 가지세요. 희망적인 생각을 가지세요! 그러면 믿음이 생깁니다. 믿음이 생기면 말이 달라진답니다. 태도가 달라지면 행동이 달라집니다. 그러면 환경이 달라지고 인생이 변하게 된답니다. 그래서 생각을 바꾸면 인생이 달라진다는 것입니다. 어려운 일이 올 때 절망적으로 생각하면 결국은 절망이 오고, 생각을 희망적으로 바꾸고 하나님은 살아 계시다고 하나님이 역사하실 것이라고 믿을 때 하나님도 역사하십니다. 환경과 인생이 달라지는 이 놀라운 사실을 믿으시기 바랍니다.

성공하는 사람과 실패하는 사람의 차이가 어디 있습니까? 그 차이는 딱 하나입니다. 성공하는 사람은 어떤 상황에서도 포기하지 않고 절망하지 않는 사람이며 실패하는 사람은 쉽게 낙망하고 조금만 어려워도 자포자기하는 사람입니다. 믿음을 갖는 것이 귀하다는 점이 바로 이것입니다.

교회에 와서 하나님 말씀을 들으며 예배를 드리다 보면 조금 낙심했다가도 희망이 생깁니다. 어느 집사님이 저에게 편지를 썼습니다. 작년에 너무 어려운 일이 많아 정말 죽고 싶은 생각이 들 정도였다 합니다. 얼마나 처절했으면 믿음의 사람으로 그런 생각이 들었겠어요. 그래도 그는 죽지 않았습니다. 그때 마다 하늘을 바라보고 하나님을 바라보며 새벽마다 교회에 나와 기도했습니다. 그래도 감사한 것은 그 절망과 고통의 터널을 지나가면서도 교회에 나와서 말씀을 듣고 예배를 드리고 나면 희망이 생기고 '살아야지. 이기자. 하나님이 주시는 때가 있다.' 는 생각이 들었다는 것입니다.

2006년이 되어 어느 날 그는 '이제는 희망으로 살아야겠다. 하나님께서 고통을 지나게 하셨으니 은혜의 문·축복의 문을 여실 것이다' 라고 생각하며 교회로 왔습니다. 그런데 2006년의 표어가 '구원과 은혜와 축복의 문이 활짝 열린 교회' 였고 강단에서 주님의 종이 주님의 말씀을 전하면 그말을 닫을이가 없고 주님께서 말씀하신다고 하셨습니다. 그 때 하나님께서 이제 문을 여신다는 희망이 마음속에 믿음으로 확고해 지면서, 목사님께 비로소 말씀드릴 수 있다고 편지를 쓰게 된 것이었습니다. 그 편지를 읽으면서 저는 그가 얼마나 어려움 속에서 몸부림쳤을까를 생각하니 마음이 찡했을 뿐 아니라, 한편으로 우리 하나님은 살아 계셔서 때를 따라 말씀으로 붙드시고 희망을 주시는 분임을 다시 한번 깨닫고 감사하게 되었습니다. 사랑하는 여러분, 어떤 환경에서도 실망하거나 포기하면 안 됩니다.

요한 웨슬리 목사님이 영국에서 한참 사역을 크게 할 때 젊은 목사님 한 분이 낙심하여 있다는 얘기를 듣고 시골 교회를 방문하게 되었습니다. 그는 땅이 꺼져라 한숨을 쉬었고 너무 어려워 먹을 것도 없고 아이는 죽어가며 설교를 들으러 오는 교인도 없다고 얘기했습니다.

웨슬리가 이 젊은 목사와 함께 기도를 하고 나오는데 마침 외양간에 소가 있어 바라보니 소는 고개를 한껏 쳐들고 외양간 벽을 올려다보고 있었다. 웨슬리는 젊은 목사에게 "저 소가 어째서 고개를 들고 있는지 아십니까?"하고 물었습니다. 젊은 목사는 "벽 때문에 답답하니까 판자너머로 넓은 하늘을 보고 있는 것이겠죠"라고 대답했습니다.

웨슬리는 젊은 목사의 어깨에 손을 얹으면서 이렇게 말했습니다. "바로 그것입니다. 환경이 당신을 가로 막아 답답할 때 하늘을 보십시오. 거기에 희망이 보이고 위로가 보이게 됩니다. 거기에 하나님이 주시는 용기가 있습니다."

이제 신문을 덮고 뉴스도 끄고 하나님을 바라보십시오. 희망을 가지시기 바랍니다. 사실 우리의 인생 자체도 우리의 것이 아닙니다.

'생명 주께 있네
능력 주께 있네
구원 주께 있네. 주 안에 있네…….'

생명도 능력도 구원도 주님께 있습니다. 그런 면에서 우리는 포기하거나 죽을 자격도 없습니다. 주님이 그만 살라고 하시는 날까지는 우리에게 생명과 능력과 구원을 베푸시기 때문에 주님을 바라보며 살아야합니다.

세계적 성악가 호세 카레라스가 젊은 시절 오페라 〈라보엠〉에 출연하게 되었습니다. 그러나 너무 긴장한 나머지 노래가 절정에 달하는 대목에서 그만 실수를 했어요. 언론은 일제히 그의 노래가 닭 울음소리에 요들송을 합쳐 놓은 것 같았다고 비판했습니다. 그는 그날의 상처로 크게 실망하고 고민하다가 노래를 포기하려 했습니다. 그러나 결국은 평가를 냉정히 받아들여야 성장할 수 있는 것이라고 마음을 고쳐먹고는 다시 털고 일어섰다. 그 후 그는 세계 3대 테너로 손꼽혔고, 백혈병마저 극복하여 국제 백혈병 재단도 창립하고 대표가 되어 많은 사람들에게 희망을 주게 되었습니다.

할 수 있습니다. 그것이 믿음입니다. 우리가 정말 믿음의 사람이고 하나님의 사람이라면 어떤 낙망적 상황에서도 일어나야 합니다. 하늘을 바라보아야 합니다.

그리고 중요한 것은, 실천하십시오! 네 명의 문둥병자가 굶어죽기 전 그냥 죽을 생각만 하고 앉아 있었다면 분명 죽었을 것입니다.

200년 전 교회의 타락이 극도에 이르고 종교개혁의 바람이 불 때인 중세기의 일입니다. 바젤에 살던 마틴이라는 믿음의 사람은 어느 날 성경을 읽다가 놀라운 진리를 깨달았습니다. 당시 로마의 천주교회는 사제를 통해 면죄부를 사야 구원을 받는다고 가르쳤는데, 그는 믿음으로 구원 받는 것을 성경을 읽다가 깨달은 것입니다. 그러나 타락했던 당시의 교회의 권세가 두려워 감히 그 깨달은 바를 공개적으로 발표하거나 주장하지를 못했고, 그 대신에 그는 자기 거실의 벽돌 하나를 빼어 양피지(가죽종이)에다 다음과 같이 쓴 것을 넣어 놓았습니다. "오, 자비로우신 예수여, 나는 주님의 보혈 공로로만 구원받을 수 있음을 압니다. 오직 주님의 십자가의 은혜를 믿음으로써만 구원 받음을 압니다. 거룩하신 예수여, 나를 위해 희생하신 것을 감사드립니다. 나는 주님을 사랑합니다. 나는 주님을 사랑합니다." 바젤의 마틴이 써서 감추어둔 이 글은 약 200년 후에 발견되었다고 합니다.

그러나 거의 같은 시대에 같은 이름의 사람이 살고 있었습니다. 그의 이름은 마틴 루터였습니다. 역시 같은 그리스도의 진리를 발견한 마틴 루터는 분연히 일어났습니다. '나의 주님은 천사들과 사람들 앞에서, 그리고 아버지 하나님 앞에서 나를 시인하셨는데, 왜 내가 세상의 군왕들 앞에서 나의 주님을 시인하기를 두려워하리오!' '구원은 믿음으로만! 오직 성경으로 돌아가야 합니다!' 하고 단호하게 외쳤습니다. 드디어 마틴 루터의 목숨을 건 결단의 행동으로 인하여 하나님의 영광과 뜻이 이 세상에 퍼졌고, 세상은 밝아지고 교회는 개혁을 일으켜 새롭게 회복되었으며, 사람들은 구원을 받게 되었습니다. 당신은 어느 쪽의 마틴처럼 살고 있습니까?

하나님의 기뻐하시는 일은 세상의 기준으로 판단될 일이 아닙니다. 좀 어렵고 고통이 따르고 손해가 닥치더라도, 행동하는 것입니다. 물에 빠진 사람이 지푸라기라도 붙잡는 것이 어리석은 일처럼 보이나, 마지막까지 필사적으로 노력하고 애쓸 때 하나님의 능력과 기적이 일어나는 것입니다. 생각만 바꿀 것이 아니라 절대 포기하지 말고 끝까지 행동하여야 합니다.

미국의 유명한 목사 노만 빈센트 필 박사는 대표적인 기독교 목사님인데, 그는 믿음을 '긍정적인 생각'이라고 표현했습니다. 생각이 긍정적이면 말도 긍정적이어야 합니다. 나아가서 할 말과 할 생각을 구별해 생각하고 말하여야 하겠습니다. 어느 날 그에게 53살 된 남자가 사업에 완전히 실패하고 절망 끝에 찾아왔습니다. 희망이라고는 전혀 찾아볼 수 없는 모습이었습니다. 그러나 필 목사는 대개가 그렇듯이 이 사람 역시 막연한 절망 속에 아직도 뭔가 많은 것이 남아 있으리라 생각하고, 종이와 연필을 가져와서 아직도 남아 있는 재산을 적어보라고 했습니다. 그러나 그 사람은 적을 수 있는 재산이 전혀 없다고 했지요.

그러자 필 목사는 다음과 같이 물었다고 합니다.

"부인은 아직 살아계시지요?"

"네, 그렇습니다."

이어서 자식이 있는지. 친구가 있는지, 스스로 정직한지, 건강은 어떤지 따위를 차례로 물으며 그 대답들을 종이 위에 쓰게 했습니다. 그가 종이에 쓴 것은

1. 훌륭한 아내.

2. 힘이 될 만한 세 명의 사랑스런 자식들.

3. 도와주겠다는 의리 있는 친구.

4. 정직.

5. 양호한 건강이었습니다.

필 목사는 이렇게 쓴 종이를 보며 그 사람에게 말했습니다. "당신은 아직도 여기에 적힌 많은 재산을 가지고 있지 않습니까?" "나는 이런 생각은 전혀 해보지 않았습니다. 그러고 보니 형편이 나쁜 것만은 아니군요." "이제는 생각을 바꾸고 아직도 남아 있는 것을 생각하며 긍정적으로 살아 보십시오. 하나님이 도우십니다. 불가능은 없습니다." 절망에 가득 찬 얼굴로 목사를 찾아왔던 그 사람은 이처럼 자신에게 숨겨진 재산이 많음을 깨닫고 새 출발을 다짐했습니다.

사랑하는 여러분, 2006년이 우리에게 다 희망적이지는 않습니다. 그러므로 하늘과 하나님을 바라보시고, 십자가와 하나님의 말씀을 바라보십시오. 그러면 엘리사 같은 눈이 열리게 됩니다. 네 명의 나병환자가 생각을 바꾸고 용기를 내서 행동했을 때 하늘 문이 열리는 기적이 나타났습니다. 하나님의 신비로운 손길이 나타나면, 닫힌 문이 열리는 것은 순식간입니다. 절대 절망하지 마시고 일어나십시오.

생각을 바꾸고 하나님을 바라보며 나가서 실천하면 하나님은 반드시 여러분의 편이 되셔서 도우시고 축복하셔서, 새로운 해 2006년에도 기적을 일으키시고 축복하신다는 것을 믿으시기 바랍니다. 2006년이 구원과 은혜와 축복의 문이 활짝 열려지는 은혜로운 한 해가 되기를 예수의 이름으로 축원합니다.

아버지의 축복권

창세기 27:1-14

지금은 장년이 된 어느 여인이 가장 좋았던 추억을 말합니다. 어머니가 "매우 소중히" 여기는 그릇을 자기가 깨뜨렸던 일입니다. 어느 날 아침 어머니는 파티를 준비하고 있었습니다. 찬장에서 명품 크리스탈 그릇을 꺼내 조심스럽게 씻어 식탁 위에 올려놓았습니다. 어머니가 가진 단 하나의 값진 소유물로서 특별한 경우에만 사용하는 그릇이었습니다. 손님맞이 준비로 부산했던 어머니는 어린 딸에게 말합니다. "어디 방해가 되지 않을 만한 곳에 가 있을래?" 아이는 식탁 아래로 기어 들어갔습니다. 그러다가 그만 식탁 다리를 발로 찹니다. 크리스탈 그릇이 바닥에 떨어져 박살납니다. 어머니의 가장 아끼는 것을 깨뜨린 것이었습니다.

"엄마 잘 못했어요."

어린 딸이 울먹였습니다. 어머니는 딸을 품에 안고 속삭입니다.

"애야, 울지 말아라. 저까짓 크리스탈 그릇보다는 네가 나에게 훨씬
더 소중하단다."

혹시 이런 비슷한 일이 있었나요? 혹은 정 반대되는 경험이 있었나
요? 여러분 경우는 어떠했습니까?

자녀는 우리에게 정말로 가장 소중하며 우리가 사거나 얻을 수 있
는 그 어느 것 보다도 귀중합니다. 그들은 "여호와의 주신 기업"이며
그분의 "상급"이기 때문입니다.(시 127:3)

오늘은 성령강림주일입니다. 성령강림 대신 아버지의 축복권에 대
한 말씀을 나누려고 합니다. 성령강림 사건도 중요하지만, 가정에 있
어서 아버지의 축복 기능이 얼마나 귀한 일인지를 깊이 인식하시기를
바라는 마음에서 이 말씀을 나누려는 것입니다.

창세기 27장에 나오는 아버지 이삭의 축복 이야기는 사실상 몇 가
지 인간적인 실수들로 인하여 가려져 있습니다. 많은 분들이 본문을
읽으면서 아름다운 아버지의 축복의 모습을 기억하지 못하고, 비본질
적 문제들에 의아해 하고 발목이 걸려서 본질적 내용을 간과하고 있다
는 것입니다. 그래서 저도 먼저 이 문제를 좀 생각해 보려고 합니다.

이 문제를 바로 알려면 성경 이야기를 종합적으로 검토하여 걸려
넘어짐이 없어야 할 것 같습니다. 창 25:21에 보면 이삭은 그 아내가
잉태하지 못하므로 자신을 위하여 여호와께 간구하매 여호와께서 그
간구를 들으시고 이삭의 아내 리브가가 잉태하였더라고 합니다. 이삭
은 일찍부터 기도하는 남편이었음을 먼저 기억하시기 바랍니다. 그랬

더니 하나님께서 이삭의 기도를 들어주셔서 야곱과 에서를 잉태하게 되었다는 것입니다.

야곱과 에서는 어머니의 뱃속에서부터 자주 싸웠습니다. 리브가가 하나님께 그 이유를 기도하는 중에 여쭈었습니다. 하나님께서 말씀하십니다. "두 국민이 네 뱃속에 있구나! 두 민족이 네 뱃속에서부터 나누어질 텐데 큰 자가 어린 자를 섬길 것이다!" 하나님의 뜻이 정해졌지요. 왜 이렇게 정하셨냐구요. 하나님께서는 이미 뱃속에 있는 에서의 경솔하고 다급한 성품과, 그로인하여 하나님께 대해서 경망하고 소홀 할 것을 아셨기 때문이겠지요.

드디어 두 아이가 세상에 태어났는데 먼저 나온 아이는 얼굴이 붉고 온몸에 붉은 털로 덮여 있었기에 '붉다' 라는 뜻으로 '에서' 라고 불렀고, 나중에 나온 아이는 형의 발꿈치를 붙잡고 나왔기에 그 이름을 '야곱' 이라고 불렀어요. 야곱은 '움켜잡은 자' 라는 뜻을 가지고 있듯이, 지기 싫어하고 하나님의 축복을 간절히 바라는 끈질긴 기질을 갖고 있었지요. 물론 그 기질 때문에 야곱은 고초를 겪기도 하지만, 하나님 앞에 나갈 때는 때로 그런 기질이 필요하기도 한 것입니다.

형 에서는 남자답고 씩씩해서 사냥을 좋아했고 사냥한 고기를 자주 아버지에게 가져다 드렸기에 아버지 이삭의 사랑을 받고 자랐습니다. 동생 야곱은 여자같이 얌전했으며, 집에서 어머니 일을 자주 도왔기 때문에 어머니 리브가의 사랑을 받고 자랐습니다. 야곱은 자신이 첫째가 아닌 둘째로 태어난 것을 늘 아쉬워하며 '내가 장자였으면!' 하고 생각할 때가 많이 있었습니다. 왜냐하면, 당시에 장자는 아버지의 뒤를 이어 집안의 가장이 되어 집안의 모든 일을 자기 마음대로 처리할 수 있는 권한이 있었고,(대하 21:3) 유산도 다른 형제들보다 두 배나 더 많이 받을 수 있었으며,(신 21:15-17) 더욱이 하나님의 큰 축복을 받을 수 있는 분명한 자격이 되었기 때문입니다.

어느 날, 야곱이 집에서 팥죽을 쑤고 있을 때입니다. 형 에서가 사냥을 나갔다가 매우 배고픈 상태로 돌아 와서는 팥죽 냄새를 맡고 야곱에게 와서 말했습니다. "야~! 굉장히 맛있는 냄새인걸! 야곱아! 나지금 몹시 배가 고픈데 팥죽 좀 나에게 줄 수 없겠니?" 꾀가 많고 장자권이 늘 부러웠던 야곱은 기막힌 제안을 합니다. "좋아! 그럼 이 팥죽을 주는 대신 형의 장자의 권리를 나에게 줄 수 있어?" "뭐? 장자권을? 그래! 이까짓 장자권이 내게 무슨 소용이 있어! 네게 줄 테니 어서 팥죽 좀 다오!" "형! 정말 나와 약속한 거지? 맹세할 수 있어?" "그래, 맹세할게! 이제부터 이 집의 장자는 내가 아니고 야곱 바로 너야! 됐지? 그럼 이제 어서 나에게 팥죽을 다오!" 이렇게 해서 에서는 장자의 권리를 야곱에게 팔았고, 야곱은 꿈에 그리던 장자의 권리를 얻게되었습니다.

에서의 문제가 여기 있습니다. 나중에 아버지 이삭이 야곱에게 축복하게 되는 것은 이미 이때 에서가 장자의 축복권을 포기했기 때문입니다. 에서는 "왜 내게 축복할 것이 남지 않았느냐?"고 아버지와 동생 야곱을 원망합니다. 그러나 장자권의 축복은 야곱이 뺏어간 것이 아니라 에서 스스로 포기한 것입니다. 그런데 이 부분에 많은 분들이 자꾸 걸리고 있습니다. 두 사람의 기질과 성품과 신앙의 모습을 볼 때, 에서는 아버지의 신앙을 이어 받을 수 없는 불신과 경거망동을 합니다. 하나님의 축복을 경히 여겨 자신의 축복을 팔아넘기는 결과를 만들었습니다. 이 부분을 바로 보아야 27장을 통한 깨달음과 은혜를 받습니다.

성경적으로 보면 이삭은 기도하는 사람이요 믿음의 가장이었습니다. 그럼에도 불구하고 이삭에게는 문제가 있었습니다. 리브가는 두 아들이 태중에 있을 때 이미 야곱에 대한 하나님의 말씀을 들었고, 남편에게도 이야기했을 것입니다. 그렇다면 그는 좀 더 분별하여 비록 에서가 장자이지만 장자의 축복을 못 받는 원인을 생각하고 순종했어야 했는데, 하나님의 뜻을 역행하고 말았습니다. 이삭이 하나님의 뜻을 이미 거스른 것입니다. 옛 믿음의 조상인 이삭도 이와 같이 실수했던 것처럼, 오늘의 아버지들도 완전하고 완벽해서 자식에게 축복하는 것이 아니라, 우리 모두 부족하지만 하나님의 허락하심과 예수의 이름으로 자녀들을 축복할 수 있어야 하겠습니다.

이삭의 에서에 대한 편애는 상대적으로 리브가의 야곱을 향한 편애를 낳았고, 결국 부모의 편애는 자식의 갈등과 다툼을 깊게 만듭니다. 편애로 인해 비교하고 방황하고 비뚤어지는 자녀의 이야기를 듣고 있지 않습니까? 절대 자식을 비교하지 마십시오. 그것은 마귀가 하는 짓입니다. 그것은 하나님이 주신 선물을 죽이는 것입니다. 이 사실을 명심하고 한 자녀 한 자녀를 귀하게 여기며 그들에게 알맞게 축복하고, 그들에게 알맞은 길을 하나님께서 열어 주시기를 기도하며 협력하고 축복하며 돕는 부모가 되시기를 주님의 이름으로 축원합니다.

여기서 이삭과 리브가와 야곱의 실수들을 조금 더 생각해 보면 좋겠습니다. 첫 번째, 이삭은 하나님의 뜻을 알고도 거부하는 죄를 지었습니다. 하나님은 야곱을 이삭의 후계자로 세우기를 원했습니다. 그러나 이삭은 야곱보다 에서를 더 좋아했습니다. 그래서 이삭은 하나님의 계획이 야곱에게 있다는 사실을 알았지만 의도적으로 에서를 축복하려고 합니다. 그래서 이삭은 야곱 몰래 에서를 축복하려는 계획을 꾸밉니다. 이것이 이삭의 실수와 허물이었습니다. 그래서 나중에 에서가 들어와 축복을 구했을 때, 그는 깜짝 놀라 떨며(33절) 하나님의 살아계심과 하나님의 빈틈없는 뜻을 깨닫게 됩니다. 무슨 일이든지 아버지로서의 진정한 권위를 갖게 되려면, 하나님 아버지의 뜻이 무엇인지를 말씀 위에서 깨달아야 한다는 것을 기억하시기 바랍니다.

두 번째, 리브가의 실수는 무엇입니까? 이삭은 하나님의 뜻을 아예 거역하려고 했지만 리브가는 하나님의 뜻을 바로 받아들여 순종하려고 했습니다. 남편에게 순종한 것이 아니라 하나님의 뜻에 순종하려고 한 것입니다. 그랬던 리브가도 그 다음에 실수를 합니다. 하나님의 뜻을 따르기로 결정한 것은 잘한 일입니다만, 하나님의 뜻을 이루는 과정에서 거짓과 속임수를 쓴 것이 문제입니다. 만약에 그렇게 하지 않더라도 하나님께서는 반드시 그 일을 이루셨을 것이라 저는 믿습니다.

목적이 선하면 수단도 선해야 합니다. 목적이 좋으면 수단과 방법도 정당해야 합니다. 오늘의 그리스도인 중에 목적을 위해 예수 믿으면서도 수단과 방법을 가리지 않는 사람들이 더러 있는데, 저는 그것이 잘못된 일이라고 생각합니다. 수단과 방법이 선하지 않을 때에는,

목표가 이루어질 때까지 죽을 고생을 하게 됩니다. 방법이 나쁘면 그 대가를 톡톡히 치르는 법입니다. 야곱은 그 사랑하던 어머니를 떠나 외삼촌 라반의 집으로 도망가게 되었습니다. 그리고 20년 만에 돌아왔을 때 그 때는 이미 그의 어머니는 이 세상 사람이 아니었습니다. 리브가는 사랑하는 아들과 생이별했습니다. 얼마나 그립고 외로웠겠어요. 리브가의 실수에 대한 대가라면 대가일 수 있습니다.

세 번째, 야곱의 실수는 나쁘다는 것을 알면서도 행동으로 옮기는 것입니다. 그는 움켜잡고 나온 아이로서 이름을 야곱이라 한 그대로 움켜잡고 빼앗는 삶을 살았습니다. 형의 약점을 이용해서 장자권을 샀습니다. 정당할 수도 있지만 비열한 짓이기도 했습니다. 또한 그 장자권을 완전케 하기 위해 아버지 이삭의 인정과 축복을 받아야만 했습니다. 결국 어머니 리브가의 제안에 못이기는 척, 야곱은 아버지의 축복을 받았습니다. 오늘 야곱의 마음이 우리에게 없다고 할 수 없습니다. 하나님의 축복을 움켜잡고자 하는 면에서 그에게 배울 점이 있다고도 할 수 있습니다. 그러나 그의 일생은 피곤하고 불행했습니다. 그는 돈은 벌고 아들도 많이 낳았으나, 20년 만에 외삼촌과도 원수가 되어 돌아오는 어찌 보면 불쌍한 인생이었습니다. 늘 외롭게 살아야 했던 것이 야곱의 일생이었습니다. 한마디로 분투하는 인생을 야곱은 살았습니다.

그럼에도 그가 하나님 앞에 귀한 것은 20년 만에 얍복강에서 하나님 앞에서 완전 항복하여, 야곱이 변하여 이스라엘이 되는 축복을 받게 되는 것입니다. 놀라운 사실은 그날 하나님께서는 야곱의 엉치뼈

즉 환도뼈를 쳐서 절게 하셨습니다. 이것은 야곱의 수단과 방법 모든 인간적인 노력을 치시고, 축복은 하나님께로부터 온다는 것을 알려주신 것입니다. 여러분도 이제까지 야곱의 축복에 연연했다면, 이제는 이스라엘의 축복으로 여러분의 믿음이 옮겨가야 한다는 것을 믿으시기를 주의 이름으로 축원합니다.

이제 창세기 27장의 가장 본론적이고 핵심적인 부분을 말씀드리려고 합니다. 이삭이 세상을 떠나기 전에 그의 아들에게 축복했다는 것입니다. 여러분, 아버지의 축복권이 정말 중요하다는 것을 오늘 아침 깨달으시기 바랍니다. 오늘날의 아버지들의 비극은 무엇입니까? 자녀들을 축복하는 축복권을 아버지 스스로 포기한 것입니다. 그리고 돈만 벌어오는 기계로 자신을 전락시켰습니다. 자녀들조차도 아버지의 축복을 기대하지 않습니다. 돈만 벌어다주면 된다고 생각하고 자라갑니다.

아버지들이여, 아버지들의 고유한 역할 중에 가장 중요한 역할은 자녀들을 축복하는 것입니다. 이제부터 아버지들의 축복권을 사용하십시오. 아버지들의 축복을 받을 때 하나님은 그 축복대로 자녀들의 길을 열어 주실 것입니다. 성경적으로 보면 아버지들은 아들을 축복할 때 끌어안고 했습니다. 아버지가 자식을 품에 안고 축복해야 합니다. 이것이 아버지에게 주신 하나님의 권한입니다. 이제 그 축복 권한을 쓰시기 바랍니다. 아버지의 축복을 받는 자녀 어머니의 기도를 받고 자라는 자녀는 복된 자녀입니다. 세상의 그 어떤 것과도 비교할 수 없는 것이지요.

이삭만 야곱을 축복한 것이 아닙니다. 그의 아버지 아브라함도 아들 이삭을 축복했습니다. 오늘 본문 29절에는 '너를 저주하는 자는 저주를 받고 너를 축복하는 자는 축복을 받으리라'고 했습니다. 이것은 창세기 12장에서 하나님께서 직접 아브라함에게 축복하신 내용입니다. 이와 같은 축복을 아브라함은 그의 아들 이삭에게, 이삭은 그의 아들 야곱에게, 그리고 야곱은 나중에 그의 열두 아들에게 했습니다. 놀라운 것은 이스라엘 12지파에게 축복한 야곱의 축복대로 그들의 미래가 이루어졌다는 것입니다.

아버지들이여, 여러분의 축복에 권한이 있다는 것을 기억하시고 어깨를 펴시고 자녀들을 품에 안고 축복권을 쓰십시오. 자녀들에게 축복하는 아버지의 역할 어머니의 역할을 감당하시기 바랍니다.

마지막으로 이삭은 아들을 위해 어떠한 복을 빌었는지 알아보겠습니다. 이삭은 아들에게 세 가지 복을 내려 줍니다.

첫 번째, 물질적 복을 내려 줍니다. 저는 여러분의 자녀들이 물질적 복을 받게 되기를 주님의 이름으로 축원합니다. 하나님은 하늘과 땅의 모든 것으로 우리에게 복을 주시니, 우리는 하나님의 거룩한 사업을 하고 선한 일을 하는데 손을 펴서, 나누고 베푸는 복된 손길이 되어야겠습니다. 자식을 위하여 물질의 복을 빌 줄 아는 아버지가 되십시오.

두 번째, 리더십의 복입니다. '만인이 너를 섬길 것이며, 열국이 네게 굴복하며 네가 형제들의 주가 되며 네 어미의 아들들이 네게 굴복할 것이다'라는 축복을 합니다. 신명기를 보면 꼬리가 되지 말고 머리가 되게 해달라는 말씀이 있습니다. 이삭은 그와 같이 야곱에게 축복한 것입니다. 여러분의 자녀들이 영향력 있는 이 시대의 지도자가 되어 오천을 먹이고 만을 끌고 가는 사람들이 되기를 바랍니다. 아버지들이여, 이렇게 축복하십시오.

세 번째, 영적인 복입니다. 하나님이 함께 하사 하나님의 인도와 보호하심을 바라는 것입니다. 세상에서 가장 큰 복은 하나님이 함께 하시는 것입니다. 자녀들에게 하나님이 함께 하시기를 축복하십시오. 그래야 하나님께서 자녀들을 물질적으로 영적으로 그리고 지도력으로 축복하사 이 시대에 꼭 필요한 일군과 도구로 쓰시게 되는 것입니다.

자녀를 축복하는 아버지가 있는 가정, 자녀를 위하여 기도하는 어머니가 있는 가정은 복 있는 가정입니다. 그런 가정은 하나님이 보호하시고 복 주시고 동행하시니, 자자손손 복이 넘치게 될 줄로 믿습니다. 아버지의 축복권을 마음에 담고 아브라함과 이삭과 야곱처럼 자녀들을 위해 마음껏 축복하며 살아가는 귀한 아버지와 어머니들이, 이 땅에서와 우리 교회에서 일어나기를 주의 이름으로 축원합니다. 아멘.

정삼수 목사

공주교육대학교, 숭전대학교, 장로회신학대학교 신대원과 대학원을 졸업하고
미국 풀러신학대학에서 박사학위를 받았으며 현재 청주 상당교회 담임목사이
시다.

더불어 화평하라

로마서 12:14-21

'우리말 달인'이라는 TV프로그램이 있습니다. 우리말을 잘 알고, 바르게 알며 많이 아는 사람을 찾는 프로그램입니다. 그런데 여기에서 천점 이상의 높은 점수를 받은 출연자가 있었습니다. 그는 우리말에 아주 능했습니다. 아나운서가 그 출연자에게 물었습니다. "우리말을 이렇게 사랑하고 많이 아는데 우리말 중에 가장 좋은 말이라고 생각하는 것이 있으면 한 말씀 하시지요." 그랬더니 아주 기다렸다는 듯 말합니다. "마중물입니다."

마중물! 사랑이라든지 희망이라든지 희생이나 봉사라는 그런 종류의 말이 아니라 "마중물"이라고 말하더군요. 저는 깜짝 놀랐습니다. "마중물은 무엇일까?" 마중이란 무엇인가요? 마중은 오시는 분을 맞으러 나가는 것입니다. 달뜨는 것을 맞이하기 위하여 나가는 것을 달

186

마중 간다고도 합니다. 그래서 "아가야 나오너라 달마중 가자"라는 노래도 있습니다.

　마중! 또한 마중이라는 단어를 들을 때마다 좋은, 가슴에 아련한 그리움이 있습니다. 제가 어릴 때 우리 어머니께서는 광주리에 감을 이고 읍내 장터에 가서 그것을 파셨습니다. 감을 다 파신 후 그 돈으로 생활에 필요한 것들을 사서 큰 보따리에 이시고 광주리는 옆에 끼고 돌아오시는데 해가 질 무렵이면 우리는 어머니가 오시는 길목에 서 있다가 어머니가 오시는 듯하면 달려가서 어머니 품에 안기었습니다. 어머니는 "아이고 우리 새끼들"하시며 우리들을 맞이해 주셨지요. 그러면 기쁜 마음에 어머니 손을 잡고 마치 보물처럼 그 보따리를 들고는 가벼운 발걸음으로 함께 집으로 돌아왔습니다. 피곤하신 어머니가 얼마나 기뻐하시던지…… 이것이 '마중'인 것입니다.

　그러면 마중물이란 무엇일까요? 과거에는 우물에서 두레박으로 물을 퍼 올렸습니다. 그 후에 생긴 것이 파이프를 땅에 깊이 묻어서 지하수를 뽑아 올리는 펌프를 설치한 것입니다. 펌프가 새 것일 때는 저녁에 푸던 것을 그대로 두어도 다음날 아침에 물을 풀 수가 있습니다. 그런데 펌프가 헌 것이 되면 물이 쭉 빠져나가고 입을 딱 벌리게 됩니다. 다음날 아침에는 물이 남아있지 않습니다. 아무리 흔들어도 떨거덕 소리만 나고 물이 올라오지 않습니다. 이때 준비된 물을 붓는데 이 물을 '마중물'이라고 하는 것입니다. 마중물을 부으면 처음엔 새는 것 같지만 한참 펌프질을 하면 결국 다시 그 물이 나오고 점점 깨끗한 새 물이 솟아나옵니다.

왜 이 사람은 우리말 중에 가장 좋은 말이 마중물이라고 했을까요? 저는 생각했습니다. 바로 사랑을 부어서, 자기 희생을 던져서 저들의 마음의 문을 열고 사람 속에 있는 더러운 것을 다 뽑아내고 그 속에 있는 진실을 솟아나게 하는 것, 그 진실함을 솟아나게 하는 이것이야 말로 귀한 일이라고요.

그렇다면 진정한 마중물은 무엇일까요? 영혼 가운데, 이 캄캄한 영혼 가운데 부어져서 새로운 것을 끌어올릴 수 있는 그 마중물은 무엇일까요? 그것은 바로 저 골고다 언덕 십자가 위에서 흘리신 예수그리스도의 보혈의 피입니다. 아무것도 없이 입만 딱 벌린 바싹 마른 펌프 같은 존재, 아무런 새로운 일도 할 수 없는 절망의 현실, 절망의 영혼 가운데 예수그리스도의 이름이 부어진다면, 그리고 펌프질이 시작된다면 그 속의 더러운 흙탕물은 다 쏟아지고 맑은 생수가 흘러나오는 것입니다. 예수 그리스도의 보혈의 피로 마중물을 마신 사람은 그 속에서 생명의 생수가 솟아날 것입니다.

우리 주님께서 여리고 성을 지나가실 때에 그 성에 세리장이인 삭개오라는 사람을 만났습니다. 세리장 삭개오는 큰 부자가 되었지만 그 마음에 기쁨이 없었습니다. 많은 사람들이 삭개오를 악한 죄인이라 하면서 손가락질하였습니다. 너무 답답한 삭개오는 예수님을 만나기 위해서 밖으로 나갔지만 키가 작아 예수님을 볼 수 없어 결국 길가에 있는 뽕나무 위로 올라갔습니다. 뽕나무 위에 올라가서 지나가시는 예수님을 바라보고 있는데, 예수님이 가시던 길을 멈추고 삭개오를 향해 말씀했습니다.

"삭개오야 속히 내려오라. 내가 오늘 네 집에 유하여야겠다."

주님의 부르심이 있었습니다. 모든 사람이 자기의 이름을 부를 때는 저주스럽게만 불렀습니다. 비난하며 불렀습니다. 그런데 우리 주님은 사랑하는 마음으로 삭개오를 불렀습니다. 그 마음속에 주님의 사랑이 부어졌습니다. 그는 뽕나무에서 내려왔습니다. 주님을 자기 집에 모셨습니다. 집에 모신 것이 아니라 마음에 모셨습니다. 그때 그는 더러운 것을 토해내기 시작했습니다.

"오! 주여! 내 재산의 절반을 가난한 자들에게 주겠습니다. 만일 남의 것을 토색한 일이 있으면 4배로 갚겠나이다."

우리 주님께서 그를 칭찬했습니다.

"오늘 구원이 이 집에 이르렀으니 이 사람도 아브라함의 자손임이로다."

그렇습니다. 예수 그리스도의 이름이 생명을 살리는 진정한 마중물이 되는 것입니다.

여기 또 다른 한 여인이 있습니다. 사람들도 만나기 싫고, 모든 사람들이 다 증오스러운 그런 삶을 살아가는 여인, 수가성 여인. 아무도 물을 길러 오지 않는 태양 빛 뜨거운 대낮에 이 여인은 물동이를 이고 나왔습니다. 주님은 답답한 그 여인의 가슴속에 마중물을 넣어주었습니다.

"내게 물 좀 다오."

예수님이 말씀하시자 여인이 말합니다.

"유대의 남자인 당신이 어찌하여 사마리아 여자인 나에게 물을 달라하나이까?"

"네게 물 좀 달라 하는 이가 누구인줄 알았다면 네가 나한테 물을 달라 했을 것이다. 내가 주는 물을 마시면 너는 영원히 목마르지 아니할 것이다."

다시 여인이 말합니다.

"내게 물 좀 주십시오."

"전 남편을 데리고 오라."

"전 남편이 없습니다."

"옳다. 네 남편이 다섯이나 있지만 지금 있는 남편도 네 남편이 아니니라."

주님은 그 여인 속에 있는 더러운 것들을 다 끌어 내셨습니다. 여인은 말합니다.

"당신이 메시야입니까?"

"그래, 내가 메시야다."

그때야 그녀는 생수를 마셨습니다. 그리고 나가서 외칩니다. 증오스러웠던 마을 사람들에게 "여러분 내가 메시야를 만났습니다."하고 기쁨의 생수를 쏟아냅니다.

이것이 바로 마중물을 마신 사람의 속에서 솟아나는 생수입니다. 이 생수가 여러분의 속에서도 솟아나기를 바랍니다. 불가능한 것들, 더러운 것들, 못 쓸 것들, 버려진 것들 속에 예수 그리스도의 보혈의 피가 들어가면 더러운 것은 다 사라지고 그 속에서 새로운 역사가 일어납니다. 회개의 눈물이, 죄악에 대한 회개의 눈물이 다 쏟아진 후에 그 입에서는 〈감사〉와 〈사랑〉과 〈기쁨〉과 〈소망〉의 노래가 흘러나오게 됩니다. 이런 변화가 우리 속에 있었고 또 이런 변화를 우리가 일으킬 수 있음을 믿으십시오.

바울 사도는 바로 자기 자신이 예수님을 핍박하던 사람이기에 자신의 과거를 생각하면서 "너희를 핍박하는 자를 축복하고 저주하지 말라"고 했습니다. '만일 너희를 핍박하는 사람을 저주 했더라면 나는 죽었을 사람이다.' 라고 생각했습니다. 바울은 자신의 지식과 혈통과 열정과 자기가 가진 로마의 시민권을 자랑하면서 교만에 빠져 있었습니다. 그리고 저 무식한 예수꾼들이 유식한 유대인들을 현혹한다고 생각했습니다. 유혹한다고 생각했습니다. 그래서 예수쟁이들을 잡아 가두는 일에 앞장섰습니다. "이것이 얼마나 귀한 일인가……." 자랑스럽게 생각했습니다. 예수 믿는 사람들을 핍박하고 예수 믿는 자들을 잡아 가두려했던 그 바울, 우리 주님께서는 그를 만나주셨습니다.

다메섹을 향하여 가고 있는 사울을 향하여 우리 주님께서 부르십니다.

"사울아! 사울아! 어찌하여 네가 나를 핍박하느냐?"

"당신은 뉘십니까?"

"나는 네가 핍박하는 예수다."

이 짧은 만남의 순간에 주님의 사랑이 사울에게 부어졌습니다. 예수 믿는 사람을 죽이려 했던 사울에게 예수님의 음성은 사랑으로 다가왔습니다. 주님의 사랑이 그의 가슴속에 부어졌습니다. '사울아! 사울아!' 부르시는 그 음성이 너무나 놀라웠습니다. '당신은 누구십니까?' 할 때 "나는 네가 핍박하는 예수다" 말하지만 예수님의 음성에는 어떤 원망도 미움도 없었습니다. 오히려 그 음성은 너무나 사랑스러웠습니다. 이 짧은 대화 속에서 사울은 주님의 사랑을 가슴 가득 느끼게 되었습니다. 그리고 다메섹 성에서 가장 먼저 체포하여 끌고 오려 했던 아나니아에게 갔습니다. 아나니아에게 가서 무릎을 꿇고 기도를 받을 때에 아나니아는 사울에게 안수하며 말합니다.

"형제 사울아. 네가 오는 길에서 만났던 예수님께서 너를 위해서 안수하라 하시고 너를 위하여 기도하라 하셨기에 네 눈이 밝아질 것이고 너에게 성령이 충만하기를 원한다."

여러분, 아나니아는 자기를 체포하려고 오던 사울에게 이렇게 말합니다. '형제 사울아!' 보통 사람 같으면 원수 사울이라고 하였을 것입니다. 형제 사울이라고 하는 아나니아 앞에서 그 사울은 얼마나 후회스러웠을까요.

'오는 길에서 만난 그 주님이 너로 다시 보게 하시고 성령으로 충만하게 하신다' 라는 기도에 사울의 눈에서 비늘 같은 것이 떨어졌습니다. 그때 그 마음속에 뜨거운 눈물도 같이 쏟아졌습니다. 자기의 그 자랑스러웠던 혈통과 자랑스러웠던 그 모든 지식, 로마의 시민권마저 다 쏟아버리고 예수그리스도를 구주로 영접하게 되었습니다. 그 후, 그는 예수그리스도의 생수가 그 가슴속에 흘러나와서 가만히 앉아 있을 수가 없었기에 사울은 그가 갈 수 있는 세상 끝까지 몇 번이고 몇 번이고 달려가면서 복음을 증거하게 되었습니다. 종래는 감옥에 들어가고 그 목이 잘려져 순교하는 순교의 제물이 되었습니다. 그는 이런 삶을 살면서 사랑하는 성도들에게 하나님의 사랑으로 권면합니다. 로마서 12장 1절에서 사울은 "그러므로 형제들아 내가 하나님의 모든 자비하심으로 너희를 권하노니"라고 말하고 있습니다. 그의 첫 번째 부탁은 "너를 핍박하는 자를 축복하라."는 것입니다.

여러분, 축복은 하고 저주는 하지 말라고 했습니다. 이것은 세상 질서가 아닙니다. 인간의 생각으로라면 내게 해를 끼치는 사람은 미워하고, 나를 사랑하는 사람은 사랑하게 됩니다. 이렇게 하면 악순환의 고리를 끊지 못합니다. 이것은 절대로 새로운 역사를 만들어 갈 수 없습니다. "너를 핍박하는 자를 저주하지 말고 축복하라." 그때서야 새로운 역사가 시작되는 것입니다.

우리 주님께서 십자가에 달리실 때에, 예수님을 십자가에 못 박고 침 뱉고 저주할 때에, 그 저주하는 무리가 예수님 앞에 있었습니다. 그때 우리 주님은 저들을 향하여 욕하지 않으셨습니다. 오히려 하나님을 향하여 기도하면서 말씀하십니다.

"아버지여 저들의 죄를 사하여 주옵소서. 저들은 지금 저들이 하는 일을 알지 못합니다."이 기도가 세상의 역사를 바꾸는 새로운 시작이었습니다. 원수를 원수로 갚지 않고, 악을 악으로 갚지 않고, 악을 선으로 갚는 새로운 구원 질서인 것입니다. 창조 질서대로라면 내게 해를 끼친 자에게 해를 주는 것입니다. 그러나 구원 질서는 내게 어떤 해를 끼쳤든지 간에 내가 그를 사랑하고 용서하는 것입니다. 이때 진정한 행복이 우리에게 쏟아 부어집니다. 아마도 십자가에 달렸던 우리 예수님은 가장 행복했을 것입니다. 모든 사람을 사랑할 수 있는 사람, 모든 사람을 용서 할 수 있는 사람, 바로 이 사람이 가장 행복한 사람이 되는 것입니다.

"즐거워하는 자들로 함께 즐거워하고 우는 자들로 함께 울라, 서로 마음을 같이 하며 높은데 마음을 두지 말고 도리어 낮은데 처하며 스스로 지혜 있는 체 말라"고 주님은 말씀하십니다. 마음을 같이 하는 것은 저희 마음에 내 마음을 내려놓아 맞추는 것입니다. 우리는 더 이상 상할 자존심이 없습니다. 이미 우리 육신의 모든 정욕은 십자가에 못 박혔습니다. 옛사람은 죽었습니다. 우리는 하나님의 자녀가 되었습니다. 더 이상 높아지려 해도 높아질 길이 없습니다. 우리는 이미 완전히 높아진 사람들입니다. 우리의 이름이 생명책에 있습니다. 이보다 더 이상 영예로울 수가 없습니다. 우리에게 더 이상 어떤 영광이 필요하겠습니까? 하나님의 생명책에 이미 나의 이름이 등록되어 있습니다. 하나님의 자녀로 인침 받은 이것이야말로 큰 영광이요, 가장 귀한 축복입니다. 그러기에 우리는 얼마든지 낮은 자리로 내려갈 수 있습니다. 천국 백성의 자부심을 가지고 내려가서 저들의 마음에 나의 마음을 맞춰주는 내려감의 겸손이 있기를 바랍니다.

다른 이의 마음을 받아주는 것, 다른 이의 이야기를 들어주는 것 이것이 바로 마중물을 부어 주는 것입니다. 그의 마음속에 맺힌 한을 다 얘기하고, 서운했던 것, 억울했던 것, 염려되는 것, 부족했던 것, 허물어졌던 것을 다 털어버릴 때 우리는 말없이 들어주어야 합니다. 누군가 내 말을 들어줄 한 사람만 있어도 행복한 것입니다. 그러나 아무도 내 말을 들어주지 않는다고 생각하기 때문에 많은 사람은 고독합니다. 사람의 입이 하나이고 귀는 두 개인 것은 많이 들으라는 뜻이기도 합니다.

누군가 나에게 말을 걸어 올 때 그 이야기를 들어주기만 하면 됩니다. 그저 머리만 끄덕이면 됩니다. 옳다는 것이 아닙니다. 이해한다는 것입니다. 들어주는 것입니다. 그의 아픔을 "그럴 수도 있겠다"하며 들어 주는 것입니다. 다 들어주고 나면 그가 하는 말이 있습니다. 내 얘기를 들어줘서 고맙다고, 당신은 할 얘기가 없느냐고 할 그 때에, 그때 우리는 말하면 됩니다. 나도 딱 한마디가 있다고, 무엇이냐고, 돌이켜 묻거든, "당신도 예수 믿으라"고, 그리고 "나와 같이 교회에 가자"고 말하시기 바랍니다. 들어주는 이것은 얼마나 귀한 일인지 모릅니다. 사람의 마음속에는 담아두기 어려운 고통이 있습니다. 외로움, 슬픔이 있습니다. 우리는 이것을 들어주고 이해해주기만 하면 됩니다. 그 아픔이 우리에게까지 고통을 주지는 않습니다. 아픔뿐만 아니라 그 마음속에 자랑하고 싶은 것까지도 모두 들어주십시오. 그리고 칭찬하십시오. 그럴 때 그의 마음에 담아 두었던 진솔함이 솟아나게 됩니다.

여러분! 그들의 영혼 가운데 마중물을 부어 줄 수 있기를 바랍니다. 그들이 털어낸 그 자리에서 증오가 나오고 사랑이 들어간다면 얼마나 아름답겠습니까? 절망이 빠져나가고 소망이 들어간다면 얼마나 아름답겠습니까?

멘토(mentor)라는 말이 있습니다. 개인의 진로나 어려움을 은밀하게 찾아가서 쏟아 놓을 수 있는 그 사람, 모든 이야기를 들어주고 그리고 갈 길을 같이 상의하고 인도해줄 수 있는 그 사람을 멘토라고 합니다. 세상의 멘토는 자신의 지식과 세상의 경험의 한계 안에서 멘토의 역할을 합니다. 그러나 우리는 하나님의 말씀과 성령의 역사와 기도가 있기 때문에 얼마든지 많은 사람들을 이끌어 줄 수 있습니다. 우리는 훌륭한 멘토가 될 수 있습니다.

다가서서 들어주고 같이 감동해 주는 일은 참으로 귀한 일입니다. 똑똑한 사람이 필요한 것이 아닙니다. 유명한 사람이 필요한 것이 아닙니다. 내 말을 들어줄 수 있는 사람이 필요합니다. 여러분, 그 필요한 이웃이 될 수 있기를 바랍니다.

주님께서 저 하늘 보좌를 버리시고 이 땅에 오셔서 인간이 되어 인간과 함께 눈높이를 맞추셨습니다. 그리고 인간의 고통을 다 들으셨습니다. 문둥병으로 인해서 모두에게 버림받은 그 무리가 "다윗의 자손 예수여 우리를 불쌍히 여기소서." 외칠 때 주님은 그들에게 손을 내밀었습니다. 그들을 깨끗하게 하셨습니다. 저주를 변화시켜 축복이 되게 하셨습니다. 분노를 변화시켜 사랑이 되게 하셨습니다. 저들의 한 쪽 손을 주님이 잡으시고, 한 손으로는 하나님의 손을 잡아 저주의 사람들을 하나님의 자녀로 만드셨습니다. 하나님의 영원한 생명이 부어져서 생명의 공유자가 되게 했습니다. 이 얼마나 귀한 일인가요.

이미 우리의 손은 하나님의 손에 붙들려져 있습니다. 우리가 그 누구의 손을 잡아주기만 하면 그들의 가슴속에 하나님의 놀라운 평화가 흘러 들어가게 될 것입니다. 평화는 인간이 만들어내는 것이 아닙니다. 평화는 결단코 평화상이 만들어내는 것도 아니고, 강대국의 무기가 만들어낸 것도 아닙니다. UN의 모아진 결의가 만들어낸 것도 아닙니다. 하나님의 사람들이 하나님의 말씀을 가지고 이루어 가는 것이 참다운 평화입니다. 여러분, 우리의 삶의 자리에 평화를 만들어 낼 수 있길 바랍니다. 한사람을 미워하면 그 한사람 미워한 만큼 세상의 반을 잃어버리는 것입니다. 학생이 같은 학교에서 한 친구와 싸우면 그 친구가 서 있는 운동장의 절반은 갈 수가 없습니다. 다른 친구 때문에, 또 한 번 싸우면 그 친구 때문에 1/4로 그가 뛰놀 운동장은 또 줄어듭니다. 또 다른 친구와 한 번 싸우면 결국 운동장에는 뛰어 놀 곳이 없어 교실에서 혼자 앉아 있어야 합니다. 이처럼 미워하는 사람이 많으면 운신(運身)의 폭은 좁아집니다. 한 사람도 미워하지 않기를 바랍니다.

하나님은 우리에게 사랑할 의무는 주었지만 미워할 권리는 주지 않았습니다. 우리의 권리는 모두 같습니다. 사랑의 권리를 가지십시오. 사랑은 의무가 아닙니다. 사랑은 권리입니다. 우리는 사람들을 사랑할 권리가 있습니다. 이것은 의무로 주어진 것이 아닙니다. 나를 미워하는 그가 있지만 나는 그를 사랑할 수 있습니다. "나는 그를 사랑하는데 그는 나를 미워하니 오히려 기도할 따름이라." 그를 위해 기도할 권리는 있습니다. 의무로 생각하지 말고 권리로 생각하시기 바랍니다. 세상을 바꿀 수 있는 것이 하나님 사람들의 권리입니다. 원수가 주리거든 먹이고 목마르거든 마시게 하라. 바로 이것이 선으로 악을 갚는 것입니다.

여러분 행복을 추구하십니까? 행복은 소유에 있는 것이 아닙니다.

행복은 관계 속에 묻어 놓은 것입니다. 모든 사람을 위해서 축복의 기도를 하는 사람, 그 관계 속에 행복이 담겨져 있습니다. 그리고 남의 즐거움을 나의 즐거움으로 느낄 수 있는 그 여유로움 속에 행복이 다가오는 것입니다.

부교역자 시절, 연로한 목사님을 모시고 성도의 가정을 심방하게 되었을 때의 일입니다. 서울의 판자촌들이 많이 있는 산길을 따라 한 작은 집 앞에 올라섰습니다. 숨차게 올라가서 노인 목사님은 숨을 몰아쉬며 집에 금방 들어가지 않았습니다. 한참을 바깥에서 숨을 고른 후, 그래서 안정이 된 다음에 그 집에 조용히 들어갑니다. 함께 갔던 심방대원들은 "아이고 힘들어" 말합니다. 목사님께서는 "쉿" 하시며 창문이 열린 저 아래를 바라보시며 "우리 집 전망 좋다!"라고 말씀하십니다. "우리 집 전망 좋다!" 이 어려운 성도의 집이 목사님의 집이라고 생각하셨던 것입니다. "우리 집 전망 좋다!"하시며 그곳에서 예배하고 축복하셨습니다. 우리 집이라는 그 말씀이 제 가슴속에 콱 닿았습니다. 저는 배웠습니다. 저도 우리 성도들 가정에 가면 말합니다. "우리 집 참 좋다." 성도의 집에 가시면 "우리 집 참 좋다!"이렇게 축복할 수 있기를 바랍니다.

우리 교회 장로님들은 연초에 윷놀이를 할 때에 이렇게 합니다. 우리 편에 모가 나와도 "모다!" 크게 외치지만 상대편이 모가 나오면 그보다 더 크게 "모다!" 외칩니다. 그러면 모가 나올 때마다 기분이 좋습니다. 화기애애합니다. 상대편이 잘해도 기분 좋은 것, 내가 잘해도 기분 좋은 것. 왜냐고요? 마지막에 보면 선물이 똑같습니다. 이긴 편이나 진 편이나…….

　여러분! 상대편의 기쁨을 나의 기쁨으로 여기면 기쁨은 배가되는 것입니다. 더불어 화평하시기 바랍니다. 아무도 미워하지 마십시오. 아무도 미워하지 않는 사람이 행복한 사람입니다. 미워할 사람이 생기면 그를 위해 기도하고 선포하십시오. "나는 ○○를 사랑한다. 나는 ○○를 사랑한다" 외치고 그 미움을 제거하시기 바랍니다. 그 하나님의 사랑으로 사랑할 때 놀라운 평강과 기쁨을 맛보게 될 것입니다.

내 안에 거하라

요한복음 15:1-17

제가 어린 시절에 다니던 교회는 작은 농촌 마을에 있어서 어린이 예배가 따로 없었습니다. 그래서 어린이들은 어른들과 함께 예배를 드리는 경우가 많았습니다. 또한 어린이 찬송가가 있는 것도 아니어서 어린이들은 어른 찬송가를 같이 불러야 했습니다. 오르간이나 피아노가 있는 것도 아니고 문종이에 가사만 쓴 찬송가, 그것을 넘겨 가면서 찬송을 불렀습니다. 그때 우리가 불렀던 찬송은 단지 몇 가지로 고정이 되어 있었습니다. 그 중에 제일 힘든 찬송이 한 곡 있었지요. 처음에는 그렇게 높게 시작되지는 않는데 나중에는 아주 높은 음으로 끝나는 찬송이 있습니다. '고통의 멍에 벗으려고 예수께로 나갑니다~.' 하고 부르면 점점 고음으로 올라가기 시작합니다. 사실 저녁도 시원찮게 먹고 흐릿한 호롱불 밑에서 찬송을 부르는데 얼마나 힘이 들었던지 몰라요. 정말 고통이었지요.

또, 두 번째로 많이 부르는 찬송은 '주안에 있는 나에게 딴 근심 있으랴' 하는 찬송입니다. '그 두려움이 변하여 내 기도 되었고 전날의 한숨 변하여 내 노래되었네' 어린 유년시절의 저는 이 찬송의 가사처럼 그렇게 큰 근심을 가지고 있지는 않았습니다. 그러나 어린아이의 가슴속에도 뭔가 아련하게 와 닿는 것이 있었지요. '내 주는 자비하셔서 늘 함께 계시고 내 궁핍함을 아시고 늘 채워주시네.' 이 궁핍이 무엇인가요? 그냥 감으로 잡아도 가난한 것이지요. '내 가난한 것을 아시고 늘 채워주시네.' 그리고는 그 후렴 부분의 곡조는 점점 더 세고 높아집니다. '주님을 찬송하면서 할렐루야, 할렐루야. 내 앞길 멀고 험해도 나 주님만 따라가리' 부른 후 '휴~' 하고 숨을 몰아쉽니다. 그러니 보리밥 먹은 배가 다 꺼졌지요.

그 어린 가슴에도 '주님만 따라간다는 것이 무얼까' 하고 생각해봤습니다. 요즈음 주님 안에 산다는 것에 대하여, 주안에 있는 나에게 다른 근심은 없는가를 다시 생각해 봅니다. 여러분, 주님 안에 산다는 것은 무엇일까요? 저의 고향 마을 중심에는 큰 느티나무가 있었습니다. 우리는 어릴 때 그 나무를 '둥구나무' 라고 불렀습니다. 여름이면 어른들은 그 둥구나무 아래로 다 모여와 나무그늘 아래서 쉬곤 하였습니다. 제가 어릴 때에 그 나무의 키를 재보면 열 발이 넘는 것 같았습니다. 아마 지금 재보아도 다섯 발이 넘을 것 같습니다. 몇 백 년 묵은 느티나무! 고향을 생각하면 언제나 그 느티나무가 생각납니다. 그 누군가 하늘아래 심겨줬는데 그 자리를 떠나지 아니하고 비가 오면

비를 맞으며, 눈이 오면 눈을 맞으며 봄, 여름, 가을, 겨울, 옷을 갈아입고 위로 내리는 은혜 가운데 살아가고 있는 그 느티나무가 변함없이 그 자리에 서 있는 것처럼 그렇게 믿음 안에 뿌리내리고 사는 것, 그것이 주 안에 사는 것이 아닐까요?

우리 주님께서 요한복음 15장을 통해서 쉬운 말로 말씀하십니다. "너 나와 같이 살자" "나 너와 같이 살고 싶다." "나는 네 안에 들어가서 살고 싶다. 네가 내 안에 들어와서 살기를 원한다." 이것이 주님의 진심입니다. 주님의 사랑의 프로포즈입니다. 여러분, 마음을 열고 주님의 사랑을 받아들이십시오.

우리 주님께서는 주님과 나와의 관계를 이렇게 말씀하셨습니다. "내가 참 포도나무요 내 아버지는 그 농부라." "나는 포도나무요 너희는 가지니 저가 내 안에 내가 저 안에 있으면 이 사람은 과실을 많이 맺나니 나를 떠나서는 너희가 아무것도 할 수 없음이라." 포도나무와 가지는 한 생명입니다. 포도나무와 가지는 하나님이 보호하셔서 주렁주렁 열매를 맺게 됩니다. 여러분도 포도나무와 가지, 아니 포도나무의 가지가 되시길 바랍니다. 이것은 생명공동체입니다. 예수 그리스도의 거룩한 피가 우리 안에 흐르고 있고 예수 그리스도의 영원한 생명이 우리 안에 공존해 있다는 사실입니다. 그래서 주님과 이 땅에서도 같이 살지만 이 후에 영원한 천국에서도 같이 살게 되는 것입니다.

이스라엘 백성들은 하나님께서 선택하신 백성이었습니다. 아브라함을 통하여 이스라엘 백성들을 참 포도나무로 기르시려고 하나님은 마음을 먹었습니다. 그러나 이스라엘 백성들은 순종하지 않았습니다.

하나님을 섬기지 아니하고 우상을 섬겼습니다. 그때 하나님께서 선지자 이사야를 통해서 말씀하십니다. "나의 사랑하는 자에게 포도원이 있음이여. 땅을 파서 돌을 제하고 극상품 포도나무를 심었었도다. 좋은 포도 맺기를 바랐더니 들포도를 맺혔도다. 내가 좋은 포도 맺기를 기다렸거늘 들포도를 맺힘은 어찌함인고." 포도나무가 즉, 이스라엘 백성이 하나님이 주신 씨앗으로 자라지 아니하고, 들포도가 되어서 지금도 이스라엘 민족은 전쟁 속에서 평화를 잃어버리고 살아가고 있습니다.

가슴 아프신 하나님께서 진짜 포도나무를 다시 심으셨습니다. 인간을 선택하여 포도나무를 만든 것이 아니라 하나님의 아들 예수 그리스도를 이 땅에 보내셔서 그를 포도나무로 세우시고 거기에 우리가 가지가 되어 주렁주렁 열매를 맺도록 하신 것입니다. 그래서 포도나무의 생명은 곧 우리의 생명입니다. 포도나무에 흐르는 그 보혈의 피가 우리 몸에 흐르니 이 비밀이 참 큽니다. 여러분, 이 신비한 비밀을 믿으십시오. 예수 그리스도의 거룩한 피가 내 안에 있으며, 예수그리스도의 거룩한 생명, 영원한 생명이 내 안에 있다는 사실을 '아멘'으로 믿으십시오. 이것은 신비한 결합입니다. 성령께서 묶어주시고 성령께서 하나 되게 하신 신비한 결합입니다.

제가 외적으로 보면 좀 딱딱해 보여도 마음은 따뜻합니다. 시골에 살 때에 여름방학이면 외지에서 친구들도 오고 또 친척들도 왔습니다. 우리와 며칠 함께 지내며 생활하다가 여름방학이 끝날 때 즈음 그들을 떠나보내고 나면 저는 그 날은 아무것도 할 수가 없었습니다. 너무 너무 서운해서요. "잘 가." 손을 흔들고 웃으며 보내긴 했지만 너무 가슴이 아팠습니다. 또한 초등학교 시절 담임선생님이 떠나가시게 되었을 때도 가슴이 아팠던 기억이 있습니다. 선생님께서 다른 학교로 전근가실 때에 우리는 잘 몰라서 "우리 선생님 갈려 가신대. 갈려 가신대." 하며 참 서운해 했습니다. 선생님께서 떠나가시면 한동안을 마음이 우울해서 공부를 못했습니다. 지금도 우리 교우들이 어려움을 겪으면 '수 천 명의 교우들이 있는데 그럴 수도 있거니' 하고 체념하고 싶지만 그것이 잘 되지 않습니다. 한 가정 살림을 맡은 가장도 힘든데 여러 가정을 다 맡으려니 이 목사는 참 가슴이 아플 때가 많습니다. 이것이 주님의 마음인 것입니다.

저는 또한 꽃을 좋아합니다. 그래서 청년 때에는 산에서 찔레나무를 캐다가 화단에 심고, 찔레나무 순이 크면 그것을 T자로 자르고 겨울을 지난 장미꽃 좋은 꽃눈을 따다 싹 잘라서 T자 안쪽에 쏙 넣고 붙여놓으면 참 신비한 일이 일어납니다. 나는 T자를 만들어서 넣고 묶은 것뿐인데 때가 되면 그것이 붙어서 그 해 봄에 주먹만한 빨간 장미가 피어납니다. 사람들은 깜짝 놀랍니다. 어떻게 찔레나무에서 장미꽃이 피냐고요. 저는 알지요. 더욱 놀라는 것은 왜 빨간 장미만 피지 않고, 한 나무에서 하얀 장미도 피고 노란 장미도 피느냐는 것입니다. 저는 알지요. 제가 붙였으니까요.

여러분, 우리 주님도 우리를 이렇게 접 붙여서 남들이 알지 못하는 사이에 찔레나무 같은 이 존재 속에서 장미꽃을 피우게 하십니다. 때로는 빨간 장미꽃으로, 때로는 하얀 장미꽃으로, 때로는 노란 장미꽃으로 피워주십니다. 주님과 내가 하나 되는 접목의 방법이 무엇일까요? "너희가 내 안에 거하고 내 말이 너희 안에 거하면 무엇이든지 원하는 대로 구하라 그리하면 이루리라" 주님은 말씀하셨습니다. 이것이 바로 믿음입니다.

여러분, 예수 그리스도를 하나님의 아들로 믿으십니까? 예수 그리스도를 하나님의 아들로 믿을 때에 나는 그리스도와 하나가 되고 주님은 내 안에 들어오십니다. 하나님의 말씀을 내가 '아멘'으로 믿고 순종 할 때에 나는 하나님 안으로 다시 들어가 주님과 내가 하나 되는 신비한 결합을 이루게 됩니다. 이 믿음을 통해서 하나 되는 역사가 있기를 바랍니다. 이것은 전적으로 성령의 역사입니다. 내가 T자접을 아무리 잘 붙여도 나는 묶어놓는 것 밖에는 하지 못합니다. 그것을 붙여서 싹이 나고 꽃이 피게 하시는 이는 하나님이신 것처럼 우리를 예수 그리스도의 지체가 되어 생명의 꽃을 피우게 하시는 이는 오직 성령 그 분 만이 하실 수가 있습니다. "성령이 아니고서는 예수를 주시라 할 수 없느니라"고 했습니다.

믿음으로 그리스도와 하나 되는 그 두 번째 비결은 무엇일까요? 주님은 말씀하셨습니다. "아버지께서 나를 사랑하신 것 같이 나도 너희를 사랑하였으니 나의 사랑 안에 거하라 내가 아버지의 계명을 지켜 그의 사랑 안에 거하는 것 같이 너희도 내 계명을 지키면 내 사랑 안에 거하리라." 여러분, 주님을 사랑하십니까? 사랑은 정말 쉬운 일이 아닙니다. 사랑은 내가 하는 것이 아닙니다. 하나님이 내게 사랑을 주셔야 내가 그 사랑을 받아서 하나님을 사랑할 수가 있는 것입니다. 사랑은 인간의 속에서 나오는 것이 아닙니다. 하나님이 우리를 먼저 사랑하셨고 그 사랑을 부어주셨기에 그 사랑으로 우리도 그렇게 사랑할 수가 있습니다.

우리 주님은 말씀하셨습니다. "사람이 친구를 위하여 자기 목숨을 버리면 이에서 더 큰 사랑이 없나니." 이것은 주님께서 나를 위하여 십자가에서 희생할 사랑을 예고하신 것입니다. 나를 위하여 아낌없이 십자가에서 당신의 생명의 피와 물을 다 쏟으시고 희생의 제물이 되어 나를 위하여 대신 죽어주신 주님의 그 은혜가 사랑입니다. 어찌 감히 우리가 그 주님의 위대한 사랑 앞에 사랑을 갚겠노라고 말할 수 있겠습니까. 우리는 일평생 사랑에 빚 진자로 살아갑니다. 그저 "감사합니다"하고 그 사랑을 잊지 않고 살아가는 것이 사랑 안에 거하는 것입니다.

부족한 종이 하나님의 소명을 받을 때에 "요한의 아들 시몬아 네가 이 사람들보다 나를 더 사랑하느냐"라고 주님은 물으셨습니다. 그 말씀을 하실 때에 저는 감히 주님께 사랑한다고 말 할 수가 없었습니다. 주님의 사랑이 얼마나 큰데, 주님이 원하는 사랑이 얼마나 큰데 내가 그 앞에 나도 사랑하겠다고 말 할 수가 있겠습니까. 내 일생을 다 할 때까지 사랑한다는 시옷자 한 자만 잘 그려도 좋겠다고 생각했습니다.

부교역자 시절 여전도회 회원들을 모시고 여름수련회를 갔던 일이 기억납니다. 여름수련회의 강사는 오직 저와 뒤를 돌봐주시던 여자 전도사님 한 분이었지요. 새벽에 두 시간, 낮에 두 시간, 오후에도 두

시간, 저녁에는 네 시간을 3박 4일 동안 집회를 가지다보니 몸이 너무 피곤해졌습니다. 그래서 다른 사람들은 기도할 때에 저는 저 나무 밑에 혼자 쉬면서 성경책을 펼쳤습니다. 그런데 제일 먼저 눈에 들어오는 말씀이 요한복음 15장 15절의 말씀이었어요. "이제부터는 너희를 종이라 하지 아니하리니 종은 주인의 하는 것을 알지 못함이라 너희를 친구라 하였노니 내가 내 아버지께 들은 것을 다 너희에게 알게 하였음이라 너희가 나를 택한 것이 아니요 내가 너희를 택하여 세웠나니." 이 말씀을 대하는 순간 모든 피로는 다 사라지고 가슴이 터질 것 같은 감격이 밀려왔습니다. '주님이 나를 친구로 여기신다.' 라는 사실에.

여러분, 이미 여러분을 향해서 주님은 오래 전에 이 사랑의 프로포즈를 하셨습니다. 너는 나의 친구라고요. 여러분, 여러분도 주님을 여러분의 친구로 모시기 바랍니다. 친구로 대접하시기를 바랍니다. 저는 친구라는 말에 너무 큰 감동을 받았습니다. 그때부터 목회를 의무라 생각하지 않았습니다. 친구 되신 주님이 내게 부탁한 그 일이기 때문에 저는 즐거움으로 목회를 시작했습니다. 어떻게 하면 친구에게 더 잘 보일까, 어떻게 하면 친구에게 더 신뢰를 받을까해서 제 목회의 기본 덕목은 잘 하려고 하지 아니하고 친구 되신 내 주님 앞에서 친구 되신 예수그리스도 앞에 정직히 행하는 것이었습니다. 그래서 어떤 때에는 이것밖에 준비한 것이 없다고 그대로 고백을 합니다. 내가 준비한 것이 부족하지만 친구 되신 주님께서 나를 밀어 주실 것이라고 나는 믿고 생각했습니다. 친구와 친구 사이에는 속일 비밀도 없고 욕심낼 것도 없습니다. 소꿉친구처럼 속삭이며 살아가는 겁니다.

여러분, 예수님을 여러분의 친구로 모셔 들이기를 바랍니다. 세상 친구는 돌아설 수도 있고 나를 버릴 수도 있지만 '예수' 그 좋은 친구는 결단코 우리를 버리지 않습니다. 내가 그를 선택한 것이 아니라 그가 나를 선택해주셨기에, 내 부족한 것을 다 아시면서도 내 못난 것을 다 아시면서도 주님이 나를 선택하셨습니다. 주님이 나를 친구로 삼으셨습니다.

"위에 계신 나의 친구"라는 찬송이 있습니다. "위에 계신 나의 친구 그의 사랑 지극하다 이는 예수 그리스도 나의 구주 나의 친구 사랑하는 나의 친구 늘 가까이 계시도다 그의 사랑 놀랍도다 변함없는 나의 친구" "그 날이 와 황금 길에 그의 영광 바라보며 그의 팔로 날 안을 때 만나보리 나의 친구 사랑하는 나의 친구 늘 가까이 계시도다 그의 사랑 놀랍도다 변함없는 나의 친구." 변함없는 나의 친구, 그 황금 길에서 내 이름 부르면서 달려와서 그 품에 안아줄 그 친구를 사랑하시기를 바랍니다.

예수님은 참 좋은 친구인데 나는 그 친구를 위해서 무엇을 했나요? 그 좋은 친구는 나를 위하여 그의 목숨을 희생했건만 나는 아직도 그 친구를 향하여 무엇을 달라고만 하지는 않는지요. 여러분, 그 친구와 깊은 우정을 나누시기 바랍니다. 그 친구와 친해지면 나의 인생은 걱정할 것이 없습니다. 이런 시구가 있습니다. "친구야 너와 나의 주머니는 계산하지 않아도 좋으련." 친구가 되면 서로의 주머니를 계산하지 않습니다. 네 것, 내 것을 따지지 않고 같이 씁니다.

그렇습니다. 우리 주님이 나의 친구가 되어 주시면 내가 궁핍 할 때에도, 내가 어려움에 처해 있을 때에도 주님은 나와 함께 계십니다. 세상 사람들은 내가 죄를 범했을 때에 침을 뱉고 돌아서지만 주님은 결코 나를 버리지 아니하시고 내 손을 잡아 다시 일으켜 주십니다. 주님은 나의 친구입니다. 주님은 여러분의 친구입니다. 예수님이 우리의 친구가 되면 우리의 궁핍한 삶을 온전히 책임져주십니다. 내 마음의 고민을 아시고, 내 삶의 방향을 아시고, 내 외로움을 아시고, 내 슬픔을 아시고 다 해결해 주십니다. 이 좋은 친구를 내 가슴에 모시고 살아간다는 것이 곧 우리의 행복입니다.

주님께서 말씀하십니다. "내가 너희에게 이것과 내 이름은 내 기쁨이 너희 안에 있어 너희 기쁨을 충만하게 하려 함이니라." 주님은 하늘에 있는 것을 다 가지고 계신 분이십니다. 그러나 우리는 이 사실을 잘 모릅니다. 예수님이 내 친구가 되시면 하늘에 있는 모든 것이 다 내 것이 된다는 사실을. "너희에게 기쁨을 주려함이라"고 주님은 말씀하십니다. 내 기쁨을 너희 안에 주어서 너희로 기쁘게 하겠다라고 요. 여러분, 주님이 주시는 이 기쁨을 누릴 수 있기를 바랍니다.

인간과 인간의 만남 사이에는 실망도 있고 아픔도 있지만 주님을 만난 사람은 한 사람도 아픔을 맛보지 않았습니다. 저는 어느 가수가 부른 "당신은 모르실꺼야 얼마나 사랑했는지"하는 노래를 유행가라고 생각하지 않고 주님이 저에게 주신 말씀처럼 생각해봤습니다. '얼마나 사랑했는지 세월이 지난 후에야 그 때야 네가 알겠구나. 마음이 서글플 때, 네 자신이 서글퍼 보일 때, 네 자신이 초라해 보일 때, 내 이름을 불러라. 나는 너를 버리지 않는 친구다. 내 눈에 흘러내리는 두 눈물을 뜨거운 나의 눈물로 너의 아픈 가슴을 깨끗이 씻어 줄 것이다' 이 가사가 참 좋습니다. 주님의 뜨거운 사랑의 눈물이 여러분의 가슴 아픈 그 모든 사연을 깨끗이 씻어 주실 것입니다.

'친구' 라는 이 말이 얼마나 좋은지 모릅니다. 주님이 나의 친구라는 이 사실에 모든 자유를 얻습니다. 친구끼리는 모든 허물을 덮어줍니다. 우리 주님은 내 허물을 하나님 앞에서 덮어주십니다. 우리 주님은 지금도 하나님 우편에서 나의 형님처럼 내 친구처럼 우리들을 축복해달라고 기도하고 계십니다. 이것이 바로 주님의 기도입니다.

사우(思友)라는 노래를 아십니까? "봄의 교향악이 울려 퍼지는 청라 언덕 위에 백합 필적에 나는 흰나비 꽃향기 맡으며 너를 위해 노래, 노래 부르리 청라 언덕과 같은 내 맘에 백합 같은 내 친구야 네가 내게 피어날 적에 모든 슬픔이 사라진다." 백합 같은 내 친구 예수 그리스도가 내 안에서 피어날 적에 모든 슬픔은 사라집니다. 우리 친구 예수께서 우리에게 부탁 하셨습니다. "친구야 너와 나는 친구라 좋은데, 농부 되신 우리 아버지께서 너를 향해 말씀하신 것이 있단다. 네가 열매를 많이 맺으면 우리 아버지께서 얼마나 좋아하시는지 몰라. 너 열매 많이 맺어라." 이것이 친구 되신 우리 주님의 당부입니다. 청주 땅에 하나님께서 참 포도나무를 심으셨습니다. 상당(上黨)이라 이름하여 포도나무를 심어주셨는데 가지가 뻗어서 수천의 열매를 맺었으니 얼마나 감사합니까. 또 새로운 열매들이 맺혀지니 얼마나 감사합니까. 우리는 약속했습니다. 수많은 새 생명을 더욱 더 많이 맺을 것을 약속했습니다. 열매를 많이 맺으면 우리 아버지께서 영광을 받으실 것이요 너는 내 친구임과 동시에 내 제자가 되리라 하셨습니다.

바울 사도는 그의 생애 전체를 통하여 가장 많이 쓴 말이 "In Christ(그리스도 안에)"였습니다. 주안에서 기도하고, 주안에서 전도하고, 주안에서 기뻐하고, 주안에서 사랑하고, 주안에서 행복하고, 주안에서 잠이 듭니다. 잠이 든다는 것은 마지막 생명을 거둔다는 것입니다.

무엇을 하려고 생각하기 전에 무엇이 되기를, 무엇을 하려고 하기 전에 예수그리스도의 좋은 친구가 되시기를 바랍니다. 예수 그리스도께서는 한가지만을 원하십니다. 그것은 '정직' 입니다. 주님께 속이지 마십시오. 정직하게만 얘기하십시오. 친구 간에 신뢰가 무너지면 친구 사이는 무너지고 맙니다. 내가 범죄를 행했을 때라도 예수그리스도께 고하면 됩니다. 주 예수 앞에 다 아뢰십시오. '내가 이런 죄를 범했어. 친구여! 내게는 이런 고민이 있어. 친구여! 지금 나는 이런 어려움이 있어.' 그 친구에게 정직하게 모든 것을 아뢰십시오. '내 아버지께서 모든 것을 시행하리라' 했습니다. '예수님' 그 좋은 친구를 여러분의 마음속에 모시고 행복하게 사시길 바랍니다.

지용수 목사

장로회신학대학교, 아세아연합신학대학교 대학원, 하바드대학교에서 수학한 후 풀러신학대학에서 박사학위를 받았다. 총회 부흥전도단 단장을 역임했으며 현재 창원 양곡교회 담임목사이시다.

꿈꾸는 것 같았도다

시편 126:1-6

세상에 태어나서 오늘까지 사는 동안 꿈을 한 번도 꾸어보지 않은 사람은 없을 것입니다. 사람은 누구나 꿈을 꿉니다. 그런데 그 꿈은 현실과 비슷한 것도 있지만, 현실과 동떨어진 것도 있습니다. 꿈에서는 거지 소년이 왕자가 되기도 하고 길거리의 거지가 대 부호가 되기도 하고 공중을 날아다니기도 합니다. 또 이 세상에 없는 괴물이나 맹수를 만나 애먹는 꿈을 꾸기도 하는데 그런 꿈에서는 빨리 깨어나는 것이 좋습니다.

제가 청년 때 한 아가씨를 만났는데 얼마나 아름답던지 제 가슴에 꽉 박혀 눈을 떠도 감아도 그 사람만 보였습니다. 그런데 그의 집안과 저희 집안은 너무나 차이가 났습니다. 저의 아버지는 가난한 농부였고 그 아가씨의 아버지는 유명 인사였습니다. 그 집은 가정부가 몇 명이나 있는 큰 부자였습니다. 그러니 제가 어떻게 그 아가씨와 사귈 수 있겠습니까?

그러던 어느 날 제가 꿈을 꾸었습니다. 큰 대회가 열린다는 벽보가 붙어 있어 읽어보니 그 대회에서 챔피언이 되면 벽보 속에 있는 사진의 여인과 결혼할 수 있다는 것이었습니다. 그런데 그 여인이 제 가슴에 박혀 있던 바로 그 아가씨였습니다.

그 귀한 여자, 공주 같은 여자를 차지하기 위해 수많은 사람이 자가용을 타고 오기도 하고 말을 타고 오기도 했습니다. 그들 중에는 저희 마을의 부잣집 아들도 있었습니다. 그런데 저는 털털이 자전거를 타고 출전했습니다. 그 많은 사람들이 달리기, 씨름, 창던지기, 노래 부르기, 웅변 등 모든 종목에 다 참여했습니다. 저는 경기를 하면서도 '주여, 제가 챔피언이 되어서 저 여인과 결혼할 수 있게 해주세요.' 라고 눈물을 흘리며 기도했습니다. 종합 결과를 발표할 때 얼마나 긴장했는지 모릅니다. '주여! 주여!' 하고 있는 제 귀에 "오늘의 챔피언, 지 용 수!" 하는 소리가 들렸습니다. 그 순간 제가 깨어났는데 실제로 제 눈에서 눈물이 흐르고 있었습니다. 좋다가 말았습니다.

'꿈에서 깨어나지 않았다면……. 오! 하나님, 이 꿈을 이루어 주세요.'

그 꿈을 꾼 지 얼마 지나지 않아 편지 한 통을 받았는데 바로 그 아가씨에게서 온 것이었습니다. 그도 저를 사랑한다는 내용의 편지였습니다. 그 아가씨가 바로 김영숙입니다. 제 꿈이 이루어져서 얼마나 좋았는지 모릅니다.

또 우리가 마음으로, 생각으로 꾸는 꿈이 있습니다. 모든 중, 고등학생은 명문대학에 가기를 꿈꿉니다. 한 목사님의 아들은 중학생 때부터 벽에 서울대학교 배지를 그려서 붙여놓고 "엄마, 이게 내 학교예요."라고 했답니다. 그러면서도 공부는 하지 않고 놀기만 하며 어찌나 속을 썩이는지 하루는 사모님이 때렸더니 "때리려면 죽도록 때리세요. 죽으면 엄마 아들이 죽지 내 아들이 죽나?"라고 하더랍니다. 그래서 더 이상 때리지 못했다는 이야기를 들었습니다.

또 고시 준비생들은 다 고시에 합격하기를 꿈꿉니다. 국회의원 입후보자들은 다 국회의원에 당선되기를 꿈꿉니다. 하지만 그 꿈대로 되는 것이 아닙니다. 우리의 꿈이 다 이루어지면 얼마나 좋겠습니까만 그 꿈을 이루는 사람은 몇 사람뿐입니다.

어떤 꿈은 노력하면 이루어집니다.

커넬 샌더스라는 사람은 65세에 빈털터리가 되었습니다. 하지만 그는 그대로 주저앉지 않고 기막히게 맛있는 닭 요리법을 개발하여 식당마다 찾아다니며 사업을 제의했습니다. 그러나 가는 곳마다 문전박대를 당했습니다. 천 아홉 번까지 거절을 당했습니다. 그래도 그는 포기하지 않고 또 다른 식당을 찾아갔는데 그 식당에서 그를 받아들여 주었습니다. 그런데 그 닭고기가 얼마나 맛있는지 그것을 한 번 맛본 사람은 그것만을 찾게 되었습니다. 그 닭고기가 바로 세계를 정복하게 된 KFC입니다. KFC 가게 앞에는 흰 양복을 입은 노인이 지팡이를 들고 있는 모습의 큰 인형이 있는데, 그것은 그가 늘 흰 양복을 입고 지팡이를 들고 다녔기 때문입니다.

그가 그렇게 성공한 것은 포기하지 않았기 때문입니다. 천 아홉 번을 실패했지만 포기하지 않고 또 도전하여 천 열 번째에 성공한 것입니다.

오늘날 많은 가정이 이혼하는 것은 포기하기 때문입니다. '포기하라' 라는 마음은 마귀가 주는 것입니다. 하나님께서는 언제나 "포기하지 말라."라고 말씀하십니다. 부부 생활이 뜻대로 되지 않아도 행복하게 된다는 꿈을 갖고 포기하지 않고 나아가면 언젠가는 행복하게 됩니다. 그러나 포기하면 마귀의 밥이 되고 마는 것입니다.

초등학교밖에 다니지 못한 가난한 한 크리스천 청년이 토스트 장사를 시작했습니다. 허름한 청바지에 모자를 눌러 쓰고 토스트를 구워서 팔았는데 장사가 잘 되지 않았습니다. 그런데 어느 날 반짝 하고 아이디어가 떠올랐습니다. 그는 일류 호텔 주방장들이 입는 청결하고 고급스러운 흰 가운을 입고 주방장 모자를 쓰고 아침마다 '나는 기뻐, 나는 바빠, 나는 예뻐' 라는 '3뻐' 다짐을 했습니다. 똑같은 토스트인데도 고급 가운을 입고 빵을 구워 파니 사람들이 모여들기 시작했습니다. 또 그는 손님을 신뢰하는 이미지, 깨끗한 이미지를 위해 자신이 직접 돈을 받지 않고 손님들이 돈을 내고 스스로 거스름돈도 가져가도록 준비를 해놓았습니다. 그 후부터 토스트가 불티나게 팔렸습니다. 똑같은 것을 파는데도 생각을 바꾸고 옷을 바꾸니 그렇게 성공한 것입니다.

이처럼 노력하면 되는 일이 있습니다. 그러나 아무리 노력해도 사람의 힘으로는 이룰 수 없는 꿈들이 이 세상에는 많습니다.

그런데 오늘 본문에서는 아무리 노력해도 사람의 힘으로 이룰 수 없는 꿈을 하나님께서는 이루어 주신다고 말씀하십니다. 할렐루야!

따라 합시다.

"꿈을 이루어 주시는 나의 하나님! 나의 주님!"

얼마나 감사합니까?

이 말씀을 준비하는데 제 가슴이 막 뛰었습니다. 설레었습니다. 벅찼습니다. 하나님께서 오늘 이 말씀을 듣는 여러분의 가슴에도 뛰고 벅차고 설레는 은혜 주시기를 축원합니다.

오늘 본문 말씀의 배경은 역대하 36장과 에스라 1-2장에 잘 나와 있습니다.

이스라엘 백성이 하나님을 등지고 악을 거듭거듭 행하니 하나님께서 선지자를 보내어 외치게 하십니다. 그래도 이스라엘 백성이 하나님 말씀을 듣지 않으니 하나님께서 진노하셔서 바벨론 왕 느부갓네살을 근질근질하게 만드시어 이스라엘을 침공하게 하십니다. 그래서 바벨론을 통해 이스라엘을 쑥대밭으로 만드시고 노인이든 젊은이든 긍휼히 여기지 않으시고 죽이십니다. 성전마저 불태워 버리십니다. 이스라엘 백성이 성전을 지어놓고 예배도 드리지 않고 하나님을 사랑하지도 않으니 성전을 불태워 버리신 것입니다. 그리고 성전의 금, 은 등 모든 기구를 바벨론이 가져가게 하시고 살아남은 사람들은 끌어다 바벨론의 포로가 되게 하십니다.

나라를 잃어버리고 남의 나라 남의 땅에서 사는 서러움이 얼마나 큰지 아십니까? 미국에 있는 우리 교포들이 미국 시민권자라도 얼마나 조심스럽게 사는지 아십니까? 우리나라에서 반미 촛불 시위가 있을 때 미국 교포들의 마음이 얼마나 불편했겠습니까? 또 일본에서 사는 교포들은 독도 문제가 거론될 때마다 얼마나 난처하겠습니까? 내나라 내 땅에서 사는 것이 가장 자유롭고 평안하다는 것을 깨달으시기 바랍니다.

시민권을 가지고 살아도 남의 나라에서 살면 조심해야 할 일이 많은데, 남의 나라에 전쟁 포로로, 노예로 끌려가서 살면 그 서러움이 얼마나 크겠습니까? 그리고 무슨 희망이 있겠습니까?

우리는 아들딸을 낳으면 '이 아이가 대통령이 되겠나? 장관이 되겠나? 학자가 되겠나? 주의 종이 되겠나?' 하며 꿈을 갖게 되는데, 노예는 그런 꿈도 가질 수 없는 것입니다. 노예의 자식은 아무리 잘나도, 아무리 아이큐가 좋아도 희망이 없습니다. 노예로 끝나는 것입니다. 우리 모두 희망을 갖고 자녀들을 키우는 것에 감사해야 합니다. 노예의 자녀들은 희망이 없는 것입니다. 예전에 아프리카 사람들이 백인의 노예로 끌려와 채찍을 맞으며 살 때 그들이 하나님 앞에서 울며 부르던 노래가 있습니다.

그 누가 나의 괴롬 알며 또 나의 슬픔 알까
주밖에 누가 알아주랴 영광 할렐루야
나 자주 넘어집니다 오 주여
나 자주 실패합니다 오 주여

그 누가 나의 괴롬 알며 또 나의 슬픔 알까

주밖에 누가 알아주랴 영광 할렐루야

태어나면 농장이나 탄광에서 채찍을 맞으며 험한 일을 하는 노예가
되니 무슨 희망이 있고 무슨 꿈이 있겠습니까?

그런데 이스라엘 백성들이 바벨론으로 끌려가 노예 생활을 하게 되
었습니다. 그들에게 무슨 희망이 있을 수 있습니까? 아들도 손자도
다 막막합니다. 그들의 '꿈에도 소원'은 그리운 고국 예루살렘으로
돌아가서 자유롭게 사는 것입니다. 고국으로 돌아가서 하나님을 자유
롭게 섬기며 찬양하고, 자유롭게 농사를 짓는 것이 그들의 소원이지
만 그것은 오로지 꿈일 뿐입니다. 현실이 될 길은 하나도 없습니다.

꿈이 현실로 되려면 이스라엘 백성이 힘을 길러 바벨론을 쳐서 이
겨야 됩니다. 나라도 없어졌는데 어떻게 그 큰 나라 바벨론을 쳐서 이
기겠습니까? 그 꿈이 이루어질 확률은 전혀 없습니다.

그런데도 예레미야와 하나님의 사람들이 울며 하나님 앞에 부르짖
습니다. 눈물로 회개하며 부르짖습니다. 하나님께서 그 눈물의 기도
를 들으셨습니다. 그래서 바사(페르시아) 왕 고레스를 강하게 하시어
고레스가 바벨론을 정복하게 하십니다. 그리고 고레스에게 깨달음을
주시니 고레스가 명을 내립니다.

"하늘의 신 여호와께서 내게 세상 만국을 주셨고 예루살렘에 성전
을 건축하라 하셨도다. 이스라엘의 하나님은 참 신이시라 그 백성 된
자들은 다 예루살렘으로 올라가서 하나님의 성전을 건축하라. 그리고

이 땅의 모든 백성은 유다 백성에게 금과 은과 기타 모든 물건, 짐승까지 예물로 주어서 하나님의 성전을 잘 짓게 하라."

왕의 명령이 내려지니 이스라엘 백성은 하루아침에 자유의 몸이 되어 많은 보물을 가지고 고국으로 돌아가게 됩니다.

에스라 2장에 보면, 유다와 예루살렘으로 돌아간 사람들의 수가 기록되어 있는데, 이스라엘 백성의 수가 42,360명입니다. 그리고 노비가 7,337명이고 노래하는 남녀가 200명입니다. 말이 736마리, 노새가 245마리, 약대가 435마리, 나귀가 6,720마리입니다. 이것은 주전 539년에 있었던 역사적 사건으로 짐승의 마리 수까지 세밀하게 기록되어 있습니다.

43,000여 명의 사람이 노예 생활을 끝내고 더구나 금과 은과 기타 보배를 짐승의 등에 바리바리 싣고 고국으로 돌아갈 때 그들은 마치 꿈꾸는 것 같았을 것입니다.

그래서 그들이 "여호와께서 시온의 포로를 돌리실 때에 우리가 꿈꾸는 것 같았도다. 그때에 우리 입에는 웃음이 가득하고 우리 혀에는 찬양이 찼었도다."라고 찬양하며 기쁨으로 올라갑니다.

그리고 그들은 "여호와여, 우리의 포로를 남방 시내들같이 돌리소서."라고 기도합니다. 이는 우기 때의 남방 시내처럼 예루살렘을 가득 채워 달라는 것입니다. 건조기에는 물이 없는 남방 시내라도 비가 쏟아지는 우기 때에는 물이 넘치듯이, 황폐하고 비어 있는 예루살렘에 우기 때의 복을 주셔서 사람으로 넘치게 해 달라는 것입니다. 남방 시내가 넘치듯이 그들에게 넘치는 복을 달라는 것입니다.

하나님께서 여러분의 집에 남방 시내처럼 복 줄기를 내려 주시기를 축원합니다. 우리 양곡교회에 남방 시내처럼 영혼을 가득 채워 주시기를 축원합니다. 우리나라에도 남방 시내 같은 은혜를 주시기 바랍니다.

또 그들은 "눈물을 흘리며 씨를 뿌리는 자는 기쁨으로 거두리로다. 울며 씨를 뿌리러 나가는 자는 정녕 기쁨으로 그 단을 가지고 돌아오리로다."라고 고백합니다. 예레미야와 뜻있는 사람들이 울며 기도한 대로 하나님께서 이루어 주셨기 때문입니다.

오늘 여러분이 울 수밖에 없는 환경에 있을지라도 눈물을 흘리며 기도하면 하나님께서 반드시 단을 거두게 하시는 것을 믿으시기 바랍니다. 여러분이 울어야 할 일이 있어도 출근하면서, 가게 문을 열면서, 학교에 가면서 기도하면 반드시 하나님께서 기쁨으로 그 단을 거두게 하시는 것입니다. 앞으로 울 일이 있는 사람들에게, 1, 2년 뒤를 생각해도 울 일이 많고 답답한 일이 많은 사람들에게도 하나님께서 오늘 본문을 통해 말씀하십니다.

"울며 씨를 뿌리러 나가는 자는
정녕 기쁨으로 그 단을 가지고 돌아오리로다."

하나님 앞에 우는 것, 하나님 앞에 씨를 뿌리는 것은 결코, 결코, 결코, 결코 헛되지 않습니다. 반드시 그 단을 거두게 됩니다. 하나님께서 이스라엘 백성에게 꿈같은 일도 이루어 주셨습니다.

우리 양곡교회도 마찬가지입니다. 오늘 1부 예배를 드리기 전에도 저는 십수 년 전 우리 교회의 사진을 보았습니다. 슬레이트 지붕의 작고 초라한 교회와 지금의 우리 교회를 비교해 보면 꿈꾸는 것 같습니다. 지금 우리 교회가 얼마나 아름답습니까? 밤에 보면 더 아름답고 멋집니다. 신촌 쪽에서 한 번 보십시오. 옆으로는 대로가 있고 뒤에는 동산이 있고 하늘에는 달이 두둥실 떠 있고, 봄이면 벚꽃이 만발하고, 얼마나 아름다운지 모릅니다. 그리고 이렇게 아름다운 우리 교회에 사람들이 가득하니 얼마나 감사합니까? 요즘에는 자리가 없어 서서 예배를 드리는 사람들도 있습니다. 옛날 슬레이트 지붕의 우리 교회를 생각하면 정말 꿈꾸는 것 같습니다. 할렐루야!

그러나 얼마 후면 지금 이 교회도 작은 교회가 되고, 십만 명이 모여서 하나님을 찬양하며 예배드리는, 꿈 같은 날이 올 것입니다.

하나님께서는 우리에게 자꾸 꿈을 꾸게 하십니다. 소원을 일으켜 주십니다. 그리고 때가 되면 그 꿈과 소원을 이루어 주십니다. 우리에게 꿈을 꾸게 하시고 그 꿈을 성취시켜 주심을 믿으시기 바랍니다.

하나님께서 요셉에게 꿈을 꾸게 하셨습니다. 어린 나이에 큰 인물이 되는 꿈을 꾸게 하셨습니다. 그러나 현실의 요셉은 남의 집 종이 되고 감옥에 갑니다. 그런데 감옥에 있던 그가 왕의 꿈을 해몽해 주고 삼십의 그 젊은 나이로 하루아침에 대 제국의 총리가 됩니다. 그때 그는 꿈꾸는 것 같았을 것입니다. 80년간 총리 일을 하면서도 그는 "꿈꾸는 것 같았도다."라고 했을 것입니다.

저는 초등학교 5학년 때 하나님의 은혜를 체험하고 중학교 때 목사님이 되기로 서약을 했습니다. 그리고 교회학교 교사로 봉사를 했는데 공과의 내용이 부족하게 느껴질 때가 있어서 제가 따로 더 준비하여 아이들을 가르쳤습니다. 기도하면서 성경 말씀을 준비하고, 또 말씀을 전하기 전에 산으로 가서 1시간 동안 기도한 다음 거기에 있는 수천 그루의 소나무를 아이들이라 생각하고 설교 연습을 했습니다. 지금 생각하니 그때의 꿈이 이루어졌습니다. 제가 지금 수천 명 앞에서 설교를 하고 있지 않습니까?

하나님께서는 요셉에게 꿈을 꾸게 하시고 그 꿈을 이루어 주셨습니다. 저 지용수에게 꿈을 꾸게 하시고 그 꿈을 이루어 주셨습니다. 여러분에게도 꿈을 꾸게 하시고 꿈을 이루어 주시는 하나님이 계십니다.

꿈이 없는 사람은 좋은 크리스천이 아닙니다. 왜입니까?

"내게 사는 것이 그리스도니"(For to me, to live is Christ) (빌립보서 1:21) "너희 안에 행하시는 이는 하나님이시니 자기의 기쁘신 뜻을 위하여 너희로 소원을 두고 행하게 하시나니" (빌립보서 2:13)

예수님을 믿으면 나는 뒤로 물러가고, 나는 nothing이 되고 예수님께서, 하나님께서 우리 안에 사시는 것입니다. 그리고 하나님께서는 자기의 기쁘신 뜻을 위하여 우리로 소원을 두고 행하게 하십니다. 그러니 꿈이 없는 사람은 좋은 크리스천이 아닙니다.

따라 합시다.

"내게 소원을 주시사 행하게 하신다."

우리가 자신을 양보하고 주님께 맡기면 하나님께서 꿈을 주십니다. 비전을 주십니다. 꿈이 없이 되는 대로 그냥 사는 사람에게 오늘 하나님께서 꿈을 일으켜 주시기 원합니다. 소망을 일으켜 주시기 바랍니다.

항상 소망을 갖고 살면 하나님께서 그 소망을 속히 이루어 주실 줄로 믿습니다.

우리 모두에게는 '나는 귀한 성도가 되어야지. 전도를 몇 명 이상 해야지.'라는 꿈이 있어야 합니다. 또한 교인이라면 "우리 교회는 나 때문에 부흥된다."라는 확신이 있어야 합니다.

그리고 우리 하나님께서는 교회 부흥이나 교회에 관계된 꿈만 꾸게 하시는 것이 아닙니다. 훌륭한 남편, 훌륭한 아내, 훌륭한 자녀, 훌륭한 국민, 훌륭한 경영주, 훌륭한 사원이 되는 꿈도 꾸게 하십니다. 저는 노사분규가 있을 때마다 마음이 아픕니다. '목사님은 경영주 편인가, 노조 편인가? 여당 편인가, 야당 편인가?' 궁금해 하는 분들이 계실지 모르겠는데 저는 어느 편에도 속해 있지 않습니다. 여당과 야당을 품고, 경영주와 노조를 품고 기도하는 하나님의 종일 뿐입니다. 제가 혹 어느 한쪽에 치우치는 말을 해도 그 편이 아니라 단지 나라를 위해서 그렇게 말하는 것입니다. 저는 우리나라, 우리 민족이 잘 살기를 원합니다. 이제 우리나라 경제가 조금 빛을 발하려 하는데 노사분규로 공장이 가동되지 않으면 어떻게 하겠습니까? 그러니 모든 경영주들은 하나님께 지혜를 얻어 사원들의 입장을 이해하고, 사원들은 나라를 사랑하는 마음과 경영주의 입장에서 회사 일을 하여 회사도 살리고 자신도 커갈 수 있기를 바랍니다. 그래서 노사 간에 협력이 잘 되기를 원합니다. 그렇게 되도록 우리 모두 기도해야 합니다.

'5, 3, 2'라는 말이 있는데, 이것은 '오해도 세 번 깊이 생각하면 이

해가 된다.' 라는 뜻이랍니다. 경영주는 근로자의 입장에서 세 번 생각하고 근로자는 경영주의 입장에서 세 번 생각하여 서로 이해해서 화목하고 평화로운 일터, 나라가 되기를 바랍니다. 내가 회사원이라면 '나 때문에 회사가 산다.' 라는 마음으로 살아야 합니다. 그래야 참 크리스천입니다.

'나는 귀한 크리스천이 되어야지. 나는 귀한 경영주가 되어야지. 귀한 사원이 되어야지. 귀한 교사가 되어야지. 귀한 학생이 되어야지.' 하는 꿈을 꾸게 되시기 바랍니다.

그리고 오늘 남편이 나를 너무 힘들게 해도 '남편이 왜 나를 이렇게 괴롭히나? 뭐 이런 남편이 있나?' 이런 식으로만 남편을 보지 말고, 귀하게 변화된 남편의 모습을 꿈꾸며 부르짖어 기도해야 합니다. 그러면 언젠가는 남편이 그렇게 될 줄 믿습니다.

남편들은 아내의 잔소리를 들으면 살맛이 나지 않습니다. 남자는 칭찬을 먹고 사는 존재인데 아내가 늘 잔소리만 하면 얼마나 괴롭겠습니까? 그러나 그런 아내라도 언젠가는 귀한 아내가 될 것이라고 꿈꾸며 기도하면 그렇게 변화될 줄 믿습니다.

자식이 아무리 힘들게 해도 "저것을 낳고 자식이라고 내가 미역국을 먹었나? 저 웬수!"라고 하면 안 됩니다. 그러면 마귀만 좋아합니다. "저 아이가 지금은 저래도 하나님의 은혜로 귀하게 되고 크게 될 거야."라는 희망을 갖고 기도하면 그렇게 되는 것입니다.

부산의 어느 학교에 교목으로 계시는 목사님이 계셨습니다. 그 목사님의 둘째아들이 아주 아주 지독한 농땡이 짓을 했습니다. 하루는 목사님께서 그 아들을 혼내서 고치려고 마음을 단단히 먹고 몽둥이를 준비하셨습니다. 아들의 방에 들어가셔서 문을 닫아 건 다음 눈에 힘을 주고 아들을 쳐다보셨습니다. 그런데 그 아들이 "목사님, 목사님이 몽둥이를 들고 설치면 은혜가 됩니까? 몽둥이를 내려놓으세요."라고 했습니다. 그 말에 목사님이 몽둥이를 내려 놓으셨습니다. 그러자 아들이 또 말했습니다.

"목사님! 그러지 말고 앉으세요."

또 아들의 말대로 목사님께서 방바닥에 앉으시니 아들이 따지기 시작했습니다.

"아무리 목사님이지만 그래도 내 아버지인데 아버지로서 나와 함께 보낸 시간이 얼마나 됩니까? 아버지로서 나와 함께 외식한 적이 몇 번이나 있었습니까?"

"그때 해운대에 가서 뭐 사준 적 있잖아."

"그것 한 번뿐이잖아요. 아버지로서 나와 여행을 몇 번이나 했습니까? 아버지로서 내게 해 준 일이 뭐가 있다고 몽둥이를 들고 왔습니까?"

그때 목사님이 아들에게 이렇게 말씀하셨다고 합니다.

"내가 목사로서는 충성했는지 몰라도 아버지로서는 잘못했구나."

교회에서 부장 일만 잘하고 장로 일만 잘한다고 충성이라 생각하면 안 됩니다. 집에서 남편 노릇 잘하고 아내 노릇 잘하고 엄마 아빠 노릇 잘하는 것도 충성입니다.

그 후 목사님의 그 농땡이 치던 아들이 변하여 아주 귀한 인물이 되었습니다.

여러분, 오늘 안 되는 자식, 안 되는 가게, 안 되는 직장이라도 그것만 생각하지 말고 꿈을 꾸시기 바랍니다.

'하나님께서 하나님의 영광을 위해 잘되게 하시리라.'라고 꿈꾸며 기도하시기 바랍니다. 가게 문을 열 때 눈물밖에 나오지 않아도, 손님 앞에서 눈물을 감추기 위해 애써야 될 일이 있어도 하나님께 기도하면서 꿈을 꾸며 나아가면 정녕 기쁨의 단을 거두게 되는 것입니다.

사람들의 가장 큰 소원이 무엇입니까? 그것은 사는 것입니다. 오래 사는 것입니다.

20년 전에 제가 "어머니, 백수 하셔야지요."라고 말씀드리면 어머니께서 아주 좋아하셨습니다. 그런데 연세가 80이 넘으신 후에는 "백수하셔야지요."라고 하면 "무슨 그런 말을 하냐? 백이십은 살아야지."라고 하십니다. 저의 어머니께서 백이십이 되셨을 때, "어머니, 실컷 사셨으니 만족하시지요? 이제 천국에 가셔야지요."라고 하면 기뻐하시겠습니까? "실컷 살았다니? 무슨 말이냐? 이백 년은 살아야지."라고 하실지 모릅니다.

오늘 1부 예배 설교 때 '한 오백 년 살자는데 웬 성화냐?' 하는 노래가 생각났습니다.

'아무렴 그렇고 그렇고말고 한 오백 년 살자는데 웬 성화냐'

사람이 오백 년을 살면 얼마나 오래 살았습니까? 그런데 만일 오백 년을 산 사람이 있어서 그 사람에게 "당신은 충분히 살았지요? 지겹도록 살았지요?"라고 묻는다면 무어라 대답하겠습니까? "무슨 소리요? 천 년은 살아야지."라고 대답할지 모릅니다.

사람의 살고 싶은 욕망은 끝이 없습니다. 그런데 사람이 아무리 노력해도 끝까지 살지 못합니다. 아무리 운동을 하고 아무리 좋은 것을 먹어도 죽습니다. 그러나 하나님께서는 영원히 살게 하십니다.

"하나님이 세상을 이처럼 사랑하사 독생자를 주셨으니 이는 저를 믿는 자마다 멸망치 않고 영생을 얻게 하려 하심이니라."(요한복음 3:16)

"내 말을 듣고 또 나 보내신 이를 믿는 자는 영생을 얻었고"(요한복음 5:24) 할렐루야!

우리에게 영생을 주신 하나님께 박수를 올려 드립시다. 주님, 감사합니다. 할렐루야! 할렐루야!

우리는 영원히 삽니다. 우리 안에 계시는 성령님처럼 영원히 삽니다. 하나님께서 그렇게 해 주시는 것입니다.

우리에게 영생까지 주신 하나님, 외아들 예수님까지 주신 하나님께서 우리에게 무엇을 아끼시겠습니까?

우리 교회의 한 집사님은 처가가 굉장한 부자입니다. 수년 전에 그 집사님이 처가에 가서 장인어른께 세배를 드렸더니 세뱃돈을 주시더랍니다. 그런데 그 세뱃돈이 일억이더랍니다. 여러분도 잘 되어서 사위에게 세뱃돈을 몇 억씩 줄 수 있기 바랍니다. 그런 부자가 우리 교회에서 많이 나오기를 바랍니다.

부자 장인어른이 사위에게 세뱃돈으로 큰 금덩어리를 주었다고 합시다. 그런데 사위가 "장인어른, 감사합니다. 그런데 이것을 그냥 가지고 가면 강도가 따라와서 빼앗아 갈지 모르니 이것을 싸가지고 갈 신문지나 이것을 넣어가지고 갈 가방을 하나 주시지요."라고 했다고 합시다. 그럴 때 장인어른이 "이 사람아, 신문지와 가방은 아까워서 못 주겠네. 금덩어리를 그냥 가지고 가게."라고 하겠습니까? 금덩어리를 준 장인어른이 신문지나 가방을 사위에게 주는 것을 아까워하겠습니까?

정금 같은 예수님을 주신 하나님께서 우리에게 무엇을 아끼시겠습니까? 그러니 그 어떤 일을 만나도 낙심하지 말고 기도하시기 바랍니다. 눈물로 기도하고 나가면 때가 될 때 하나님께서 이루어 주시는 것입니다.

그러면 우리를 구원해 주시고, 우리에게 꿈을 주시며 그 꿈을 이루어 주시는 하나님께서 우리만 그렇게 살기를 원하십니까? 우리만 잘 살라고 우리를 구원해 주신 것이 아닙니다.

우리는 이 세상을 밝게 비추는 빛이 되고 이 세상을 썩지 않게 하는 소금이 되어야 합니다. 그래서 이 세상이 밝고 복된 곳이 되게 해야 합니다. 그런데 그것이 우리의 힘으로는 되지 않습니다. 그렇게 되게 하기 위해서는 전도하는 길밖에 없습니다.

어느 목사님과 이발사가 빈민가를 지나갈 때 막 사는 빈민가의 사람들을 보며 이발사가 말했습니다.

"목사님, 목사님이 그렇게 열심히 설교하셔도 저 모양입니다. 저 사람들 꼴 좀 보세요. 목사님이 아무리 설교해도 저 구석은 그대로 있지 않습니까?"

그때 마침 그들 옆으로 머리를 귀신같이 풀어헤친 히피 청년이 지나가자 목사님이 말했습니다.

"당신이 그렇게 열심히 이발해도 저 청년은 저 모양이네요. 저 머리 좀 보세요."

"아, 그건 저 청년이 내게 오지 않아서 그렇지요. 내 이발소에 오면 멋쟁이로 만들어 줄 텐데……."

"마찬가지입니다. 저들이 하나님 앞에 나오면 하나님께서 저들도 멋쟁이로 만들어 주십니다."

사람이 사람답게 되는 길은 교회에 나오는 길뿐입니다. 세상 사람들은 술을 마시면 재미있을까 봐 술을 마시고 또 2차, 3차까지 갑니다. 심지어는 누가 술이 더 센가 내기를 하기도 합니다. 제 친구 아버지는 교감선생님이었는데 술 마시기 내기를 하다가 돌아가셨습니다. 사는 재미가 없으니 술을 마시기도 하고 마약을 하기도 하는 것입니다. 그래도 재미가 없으니 아내와 남편을 바꾸어 보기도 합니다.

얼마나 불쌍한 사람들입니까? 예수님이 없으면 참 기쁨이 없기 때문에 별짓을 다하는 것입니다. 그 불쌍한 죄인들을 그냥 죽게 내버려두면 안 됩니다. 그들에게도 복음을 전해서 그들도 우리처럼 생명의 주님을 믿도록 해야 합니다. 그래서 우리처럼 설레는 가슴을 품고 희망차게 살아가게 해야 합니다.

한 무신론자가 대로에서 소리쳤습니다.

"하나님은 없어! 만일 하나님이 계신다면 5분 내로 나를 죽여 보세요."

5분이 지나자 그 사람이 다시 소리쳤습니다.

"보세요. 내가 이렇게 생생하게 살아 있습니다. 하나님은 없습니다."

그때 신앙 깊은 한 할머니가 그에게 말했습니다.

"여보시오, 당신에게도 아들이 있지요? 당신 아들이 당신에게 '아버지, 나를 죽여 주세요. 5분 안에 죽여 주세요.' 라고 하면 당신 아들을 죽이나요? 죽이지 못하지요. 당신이 하나님을 등져도 하나님께서는 당신을 죽이지 못해요. 당신이 하나님은 없다고 아무리 소리쳐도 하나님께서는 당신을 사랑하기 때문에 당신을 죽이지 못하는 거예요."

그 말에 무신론자와 거기에 있던 많은 사람들이 감동을 받았다고 합니다.

하나님께서는 세상에서 막 사는 사람들도 사랑하십니다. 그들을 위해 예수님께서 이 세상에 오셔서 피 흘리고 죽으셨습니다.

따라 합시다.

"이 성에 하나님 백성이 많이 있다."

우리가 그들 한 사람 한 사람을 위해 기도하고 가서 전해야 합니다.

"형님, 아주머니, 과장님, 부장님, 미스터 리, 선생님! 하나님께서는 살아 계십니다. 예수님께서는 살아 계십니다. 예수님을 믿고 교회 생활을 하는 것이 가장 행복하고, 영원히 사는 길입니다."

우리는 항상 이런 마음을 품고 한 사람 한 사람을 전도해야 합니다. 그래야 이 세상이 밝은 세상이 되는 것입니다.

이제 말씀을 맺습니다.

하나님께서는 살아 계십니다. 우리 안에 계십니다. 지금 여기에 계십니다. 하나님께서 우리에게 꿈을 주십니다. 그리고 그 꿈을 이루어 주십니다. 그런데 이 위대하신 하나님을 모르는 사람들이 있습니다. 그들 한 사람 한 사람에게 하나님을 전합시다. 그래서 우리 온 겨레가 하나님께 나아와 부푼 꿈을 꾸며 희망차게 살다가 천국으로 이사가는 복을 누리게 되기를 바랍니다.

하나님이 찾으시는 것

창세기 7:1-5

우리에게 향하신 여호와의 인자하심이

크고 크도다 크시도다

크고 크도다 크시도다

우리에게 향하신 여호와의 진실하심이

영원 영원 영원하시도다

영원 영원 영원하시도다

우리에게 향하신 여호와의 계획하심이

놀랍고 놀랍다 놀라우시도다

놀랍고 놀랍다 놀라우시도다

우리에게 향하신 여호와의 보호하심이

크고 크도다 크시도다

크고 크도다 크시도다

베드로가 지금 이 자리에서 설교를 한다면 어떤 말씀을 전하겠습니까? 자기 생각을 말하겠습니까? 아닙니다. 성령으로 하나님의 말씀을 전할 것입니다.

저도 지금 여기에서 성령으로 주의 말씀을 나누는 것입니다. 그러니 베드로가, 바울이 우리 교회에 와서 말씀을 전한다고 생각하며 설교를 들어도 괜찮습니다. 성령님께서 저를 통하여 말씀하시니 설교를 하는 저도 설교를 하면서 은혜를 받습니다. 설교는 제 말이 아니라 하나님의 말씀입니다.

세계 도처의 관광지나 특별히 사람이 많이 모이는 곳에 가보면 아이의 허리에 줄을 묶고 다니는 부모들이 있습니다. 자녀를 잃어버린 경험이 있거나 자녀를 잃어버릴까 봐 그렇게 하는 것입니다.

실제로 자녀를 잃어버리는 부모들이 많습니다. 잃어버린 후 찾기도 하지만 끝내 찾지 못해서 아픈 가슴을 간직하고 사는 부모가 있습니다. 여러분은 자녀를 잃어버리는 일이 없기를 바랍니다. 이를 위해 기도도 해야 하지만 조심도 해야 합니다.

저도 부산 송도 해수욕장에서 큰아들을 잃어버려 놀란 적이 있습니다. 수영복 차림으로 미친듯이 바닷가를 뛰어다니며 아이를 찾았습니다. 혹 아이가 바다에 빠져 죽었으면 시체라도 건지려고 바다 밑을 헤집어 보기도 했지만 아이는 어느 곳에도 없었습니다. 그래서 눈물을 펑펑 쏟으며 기도했습니다.

"하나님, 어찌하여 이런 일이 있나요? 하나님!"

그러자 부모님께 잘못한 죄가 생각나고 동시에 바다 방송국에 가보

자는 생각이 들었습니다. 기도를 끝내고 그곳으로 달려가 아나운서에게 "여기 지성이라는 아이가 오지 않았습니까?"라고 물으니, 성은 모르고 이름은 지성이라는 아이가 있다고 했습니다. 그래서 보니 장교 부인들이 아이를 안고 있었습니다. 아이가 저를 보더니 "아빠!" 하며 달려와 매달렸습니다. 얼마나 울었는지 목이 다 쉬어 있는 그 아이를 안는 순간 온 세상을 얻은 것처럼 기쁘고 감사했습니다. 만일 그때 큰아들을 찾지 못했으면 저의 가족이 지금도 얼마나 아픈 가슴으로 살겠습니까? 그리고 제 큰아들은 어떻게 되어 있겠습니까? 이것은 보통 일이 아닙니다.

서울의 한 목사님은 어린이 대공원에 놀러가서 한눈을 파는 사이에 어린 딸을 잃어버렸습니다. 처음에는 '공원 어딘가에 있겠지.' 하며 찾았지만 끝내 찾지 못했습니다. 서울의 모든 경찰서와 파출소를 다 뒤졌지만 아이는 없었습니다. 그래서 교회에 양해를 구하고 기도하면서 서울에 있는 모든 고아원과 어린이 보호소를 다 찾아다녔습니다. 그러나 딸은 아무 데도 없었습니다. 그래도 포기하지 않고 경기도 주변의 모든 고아원과 어린이 보호소를 찾아다니다 삼 개월 만에 한 고아원에서 어린 딸을 만났습니다. 얼마나 기뻤겠습니까?

만일 그 딸을 찾지 못했다면 그 아빠와 엄마는 지금도 아픈 가슴으로 살 것이고, 그 아이는 고아원에서 아빠 엄마를 그리워하며 살 것입니다.

자식을 잃은 아빠와 엄마는 미친 듯이 자식을 찾습니다. 그런데 성경을 읽어보면, 자식을 잃은 아빠 엄마처럼, 목이 말라 시냇물을 찾아

뛰어다니는 사슴처럼 하나님께서 찾으시는 대상이 있습니다. 예레미야 5장 1절에 말씀하십니다.

"너희는 예루살렘 거리를 빨리 왕래하며 그 넓은 거리에서 찾아보고 알려라. 너희가 만일 공의를 행하고 진리를 구하는 자를 한 사람이라도 찾으면 내가 이 성을 사하리라."

하나님께서 의인을 얼마나 찾으시는지 모릅니다. 본문 1절에도 말씀하십니다.

"여호와께서 노아에게 이르시되 너와 네 온 집은 방주로 들어가라 네가 이 세대에 내 앞에서 의로움을 내가 보았음이니라."

노아 시대 사람들은 방탕하고 음란하게 살아서 그것이 하나님께 아픔이 되었습니다. 그런데 노아는 의롭게 사니 하나님께서 기뻐하십니다. "노아야, 네가 의롭구나."

하나님께서 의인을 얼마나 기뻐하시는지 모릅니다.

"여호와여 주의 장막에 유할 자 누구오며 주의 성산에 거할 자 누구오니이까 정직하게 행하며 공의를 일삼으며 그 마음에 진실을 말하며 그 혀로 참소치 아니하고 그 벗에게 행악지 아니하며 그 이웃을 훼방치 아니하며 그 눈은 망령된 자를 멸시하며 여호와를 두려워하는 자를 존대하며 그 마음에 서원한 것은 해로울지라도 변치 아니하며 변리로 대금치 아니하며 뇌물을 받고 무죄한 자를 해치 아니하는 자니 이런 일을 행하는 자는 영영히 요동치 아니하리이다."(시편 15편) 할렐루야!

정직하고, 공의를 행하며 의롭게 사는 자를 하나님께서 얼마나 아끼고 사랑하시는지를 알려 주는 말씀입니다.

"내가 이 시대에 너의 의로움을 보았노라."

"내가 이 시대에 지용수 목사의 의로움을 보았노라."

"내가 이 시대에 ○○○ 집사의 의로움을 보았노라."

저와 여러분 모두, 하나님 앞에 이렇게 칭찬 받는 의로움이 있기를 바랍니다. 우리의 의로움 때문에 하나님께서 특별히 기뻐하실 수 있기를 바랍니다. 제가 세계 교회를 다녀 봐도 우리 교회의 장로님, 우리 교회의 교인들 같은 분이 거의 없습니다. 우리 교우들처럼 착하고 의로운 사람들이 드뭅니다. 그러나 더욱더 빛나는 의인, 더욱더 빛나는 우리 양곡교회가 될 수 있기를 바랍니다.

"노아의 사적은 이러하니라 노아는 의인이요 당세에 완전한 자라 그가 하나님과 동행하였으며."(창세기 6:9) 여기에 우리 이름을 넣어 봅시다.

"○○○는 의인이요, 이 시대에 완전한 자요, 하나님과 동행했다." 우리는 의로워야 됩니다.

모든 사람이 매력 있게 보이려고 옷도 챙겨 입고 몸도 다듬고 얼굴에 화장도 합니다. 그런데 옷은 나만 위해 입는 것이 아니라 상대방을 위해서도 입는 것입니다. 만일 제가 지금 잠옷을 입고 나와서 설교한다면 여러분이 얼마나 불쾌하겠습니까? 그러니 옷을 입을 때는 나만 생각할 것이 아니라 상대방도 배려해야 합니다.

하지만 우리가 아무리 좋은 옷을 입어 사람의 눈에 들었다 해도 그것은 별 것 아닙니다. 하나님의 눈에 들어야 최고의 사람이 되고 하나님의 눈에 들려면 의로운 사람이 되어야 합니다.

그러면 어떻게 해야 의로운 사람이 됩니까? 아주 쉽습니다. 하나님과 동행하여 하나님의 빛을 받는 것입니다. 공부하기는 어렵고 몸의 체중을 줄이는 것도 어렵고 계속 변하는 사람의 마음을 맞추기도 어렵습니다. 그러나 하나님의 마음을 맞추기는 쉽습니다. 하나님께서는 변함이 없으시기 때문입니다.

아이들이 어릴 때는 장난감을 좋아합니다. 한 권사님이 제 손자에게 이만 원을 주었더니 그냥 버리더랍니다. 그 아이에게 십억 원짜리 수표를 주어도 버릴 것입니다. 아이들은 장난감이나 과자를 좋아하기 때문입니다. 나이에 따라 장난감의 수준도 달라지다가 더 자라면 장난감을 좋아하지 않는 때가 옵니다. 사람의 취향, 사람이 좋아하는 것은 변합니다.

그러나 하나님께서는 변함이 없으십니다. 그 하나님께서 기뻐하시고 좋아하시는 사람은 의로운 사람입니다.

달은 스스로 빛을 발할 수 없습니다. 태양 빛을 받아야 빛을 발할 수 있습니다. 이처럼 우리도 스스로 의롭게 될 수 없고 하나님의 빛을 받아야 의롭게 됩니다. 노아가 의로운 사람이 된 것은 하나님과 동행하여 하나님의 빛을 받았기 때문입니다. 그가 자기 멋대로 살았다면 의로워질 수 없었습니다.

우리가 과거에 지은 죄도 예수님을 주님으로 믿고 회개하면, 요한일서 1장 7절 말씀대로 하나님의 아들 예수의 피가 우리를 모든 죄에서 깨끗하게 해 주시는 것입니다. 우리가 예수님을 믿는 그 순간 예수님의 피가 우리의 죄를 다 씻어서 의롭게 됩니다. 동시에 성령님께서 우리에게 임하십니다. 노아가 하나님과 동행했듯이 우리도 성령 하나님과 동행할 때 의롭게 되는 것입니다.

예수님께서 "내가 너희를 고아와 같이 버려두지 아니하고 너희에게로 오리라."(요한복음 14:8) "내가 세상 끝 날까지 너희와 항상 함께 있으리라."(마태복음 28:20)

그리고 부활하신 지 40일 만에 승천하셨습니다. 예수님께서 승천하셨으니 약속을 어기신 것입니까? 아닙니다. 성령을 보내셨습니다.

"그 날에는 내가 아버지 안에, 너희가 내 안에, 내가 너희 안에 있는 것을 너희가 알리라."(요한복음 14:20) 무슨 말씀입니까? '지금은 내가 너희와 함께 걸어다니지만 그 날에는 내가 너희 안에 있음을 알리라'라는 말씀입니다. 이 말씀은 "볼지어다 내가 문 밖에 서서 두드리노니 누구든지 내 음성을 듣고 문을 열면 내가 그에게로 들어가 그로 더불어 먹고 그는 나로 더불어 먹으리라"(요한계시록 3:20)는 말씀과 짝이 됩니다. 예수님을 믿으면 성령을 받습니다. 성령은 예수님의 영이니 예수님을 믿는 사람은 성령님, 예수님과 항상 함께 먹고 마시며 함께 산다는 것입니다.

"내가 너희에게 실상을 말하노니 내가 떠나가는 것이 너희에게 유익이라 내가 떠나가지 아니하면 보혜사가 너희에게로 오시지 아니할 것이요, 가면 내가 그를 너희에게로 보내리니 그가 와서 죄에 대하여, 의에 대하여, 심판에 대하여 세상을 책망하시리라."(요한복음 16:7-8)

성령님께서 우리에게 오시면 우리가 죄를 지으려 할 때는 "그건 죄야."라며 책망하셔서 죄를 짓지 못하게 하시고, 우리가 악을 행하려 할 때는 "그 악을 행하면 심판을 받는다"라고 하시며 악을 행하지 못하게 하십니다. 그리고 "이것이 의다. 의를 행해라." 하시며 의를 행하게 하십니다.

"보혜사 곧 아버지께서 내 이름으로 보내실 성령 그가 너희에게 모든 것을 가르치시고 내가 너희에게 말한 모든 것을 생각나게 하시리라."(요한복음 14:26)

성령님께서는 우리에게 "그것은 악이야. 그것은 심판을 받을 일이야. 이것이 의야."라고 알려 주시며, 또 하나님의 말씀을 자꾸 생각나게 하셔서 우리 모두가 의롭게 되도록 도와주실 것입니다.

"육체의 소욕은 성령을 거스르고 성령의 소욕은 육체를 거스르나니 이 둘이 서로 대적함으로 너희의 원하는 것을 하지 못하게 하려 함이니라."(갈라디아서 5:7) 우리 속에서는 성령의 소욕과 육체의 소욕이 언제나 부딪치고 있습니다. 마치 전쟁터 같습니다. 우리가 성령을 좇아 살면 육신의 본능이 억제되고 보다 더 의롭게 됩니다.

"너희는 성령을 좇아 행하라 그리하면 육체의 욕심을 이루지 아니하리라."(갈라디아서 5:16) 우리 안에 꿈틀거리는 세상적인 본능이 있습니다. 그대로 살면 우리가 아주 부끄럽고 초라한 인간이 되고 맙니다. 그러나 성령을 좇아 살면 예수님처럼, 천사처럼 거룩한 의의 길을 걷게 됩니다. 우리 안에 성령님께서 늘 함께 계십니다. 성령님과 동행하면서 언제 어디에서나 자꾸 대화를 해야 합니다. 성령님을 무시하면 안 됩니다. 성령님은 탁월한 상담자(The wonderful counselor)이기 때문에 우리의 인생살이, 사업, 직장생활 등 모든 삶을 인도해 주십니다. 그 인도대로 살면 의롭게 됩니다. 의인이 됩니다.

그러면 하나님께서 의인에게 어떤 복을 주십니까? 날마다 대화를 나눌 수 있는 복을 주십니다.

"노아야, 방주를 만들어라. 저 산에 잣나무가 많지? 저 산에 있는 잣나무로 방주를 만들어라."

"하나님, 물이 새면 어떻게 합니까?"

"방주 안팎을 역청으로 칠해라."

"노아야, 방주 안으로 동물들을 들여라."

"아이고, 4만 5천 마리 정도나 되는 동물을 어떻게 방주에 집어넣습니까?"

"걱정하지 마라. 내가 보내 줄게. 그리고 370일간 먹을 양식을 준비해라."

하나님께서 말씀하신 대로 노아가 다 준비했습니다.

"이제 너와 네 식구들이 다 방주로 들어가라. 그리고 정결한 짐승은 일곱 쌍씩, 부정한 짐승은 두 쌍씩, 하늘의 새도 일곱 쌍씩 방주로 들어가게 해라."

정결한 짐승은 왜 일곱 쌍입니까?

노아가 방주에서 나오자마자 짐승을 잡아 예배를 드리면 정결한 짐승의 씨가 보존되지 않기 때문에 그 씨를 보존하기 위해서 일곱 쌍씩 방주로 들인 것입니다. 또 노아가 방주에서 나온 다음부터 하나님께서 동물도 사람들의 음식으로 허락하셨습니다. 그것도 이유가 될지 모릅니다. 어쨌든 하나님께서 그렇게 하셨습니다.

노아가 방주를 혼자 만든 것이 아니라 하나님과 대화하면서 만들었습니다. 이것이 얼마나 큰 복인지 모릅니다. 우리 모두 하나님과 항상 영적인 교제가 있기를 바랍니다.

"하나님!"

"그래, 왜?"

이런 대화가 자꾸 있어야 됩니다. 이것이 바로 의인이 받는 복입니다. 의인은 혼자 걷지 않고 늘 하나님과 동행합니다.

그리고 어려움을 당하면 구원해 주십니다.

모든 사람이 홍수로 망할 때도 방주에 들어간 노아와 그 가족은 구원을 받았습니다. 노아와 그 가족이 방주로 들어간 칠 일 후부터 사십 일간 홍수가 내려 세상 모든 사람이 다 죽었습니다. 그런데도 노아와 그 가족은 살았습니다.

의인이 천국에 가는 것은 과거에 이미 받은 약속입니다. 그래서 우리가 천국에는 다 가지만, 이 세상을 살아갈 때는 어려움을 당하기도 합니다. 그런데 그 때에도 하나님께서 우리를 구원해 주시는 것입니다.

우리 교회의 한 집사님이 제게 편지를 보내셨습니다. 집사님이 지난 금요일에 점심식사를 하는데 갑자기 허리에 통증이 와서 병원으로 달려갔더니 요로결석이라고 하더랍니다. 결석 통증은 아기를 낳는 것보다 더 괴롭다고 하는데 집사님의 통증이 얼마나 심했겠습니까? 수술을 빨리 받고 싶었지만 다음 날이 주말이라 월요일에 수술을 하기로 하고 진통제만 받아 왔답니다. 주일날 집사님이 중등부 교사로 봉사하면서도 고통을 참느라 혼났는데 하필 그날 집사님의 남선교회가 식당 봉사를 하는 날이더랍니다. 식당 봉사를 못하고 쉬고 있는데 그날따라 남선교회원들의 숫자가 부족하여 할 수 없이 한 손으로는 허리를 잡고 한 손으로 설거지를 했답니다. 집으로 가면서 "오늘은 저녁 예배에 도저히 못 오겠다"라고 생각하는 순간 "아니다. 예배에 참석해서 달란트 기도 시간에 기도해 보자. 부르짖어 기도하여 치료 받아야지" 하는 감동이 왔답니다. 그래서 아픈 몸을 이끌고 교회에 오셔서 예배를 드리고 달란트 기도 시간에 허리를 붙잡고 소리쳐 기도했답니다. "하나님, 제가 수술 받지 않고 낫게 해주세요. 하나님께서 직접 치료해 주세요."

그렇게 기도한 후 통증이 조금 약해지긴 했지만 여전히 아팠답니다. 그런데 월요일에 수술을 받으러 가서 사진을 찍으니 결석은 다 없어졌고 결석이 있던 자리만 부어 있다고 하더랍니다. 할렐루야! 이런 일을 겪는 것은 없었던 일보다 더 좋습니다. 확실한 증거가 되기 때문입니다. 이런 증거가 있으니 그 집사님의 믿음이 더 강해진 줄로 믿습니다.

"너 가는 길을 누가 비웃거든 확실한 증거를 보여 주어라." 할렐루야!

우리가 병이 났거나 집안에 어려움이 왔을 때, "이러다 나 죽겠네." 하는 일이 닥쳤을 때 하나님께 구하여 구원 받기를 바랍니다.

친구와 동업으로 회사를 경영하던 한 분이 친구에게 배신을 당했습니다. 회사는 부도나고 친구는 떠나갔습니다. 평소 사냥을 좋아하던 그분은 여차하면 자살을 하려고 사냥할 때 쓰던 엽총을 자동차 트렁크에 싣고 다녔습니다. 그러다 마음을 바꾸어 하나님께 매달렸습니다. "하나님! 구원해 주세요. 하나님! 구원해 주세요." 그 후 사업이 얼마나 잘 되었는지 모릅니다. 큰 경영주가 된 그분이 "지금 와서 생각해 보니 그때 친구가 떠나간 것도 하나님의 은혜였습니다."라고 하셨습니다. 하나님께서는 의인을 구원해 주십니다.

"의인의 장막에 기쁜 소리, 구원의 소리가 있음이여 여호와의 오른손이 권능을 베푸시며 여호와의 오른손이 높이 들렸으며 여호와의 오른손이 권능을 베푸시는도다."(시편 118:15-16) 제가 이 말씀을 읽는 동안 다시 깨달은 것은 하나님의 손이 한 번 권능을 베푸신 후 떠나가시는 것이 아니라 계속 그 집 위에 계셔서 어려움을 당하면 또 권능을 베푸신다는 것입니다. 일생을 하나님의 손이 구원해 주신다는 것입니다.

의인의 집에는 하나님의 좌편 손이 있는 것이 아닙니다. 좌편 손은 심판하는 손이요, 채찍질하는 손입니다. 그 좌편 손이 아니라 구원해 주시는 의로운 복된 손이 의인의 집에 있는 것입니다. 저와 여러분의 집에 하나님의 의로운 손이 있기를 바랍니다.

우리 교회에 하나님의 의로운 손이 있는 줄 믿습니다. 지난번 경산에서 열차 사고가 났을 때의 일입니다. 모 권사님이 딸네 집에 다녀오시면서 손녀를 데리고 기차에 타셨는데 손녀가 갑자기 칭얼대며 "할머니, 할머니. 앞으로 가요."라고 했습니다. 권사님이 "애야, 여기가 우리 자리다"라고 하는데도 손녀가 막무가내로 권사님을 끌고 앞으로 갔습니다. 아이에게 못 이겨 앞차로 옮기자마자 열차가 탈선하여 처박혔습니다. 많은 사람이 죽고 중상을 입었습니다. 그런데 권사님은 앞 칸으로 옮긴 덕분에 무사했습니다. 아이가 무엇을 압니까? 하나님께서 아이를 통하여 그 권사님을 구원하신 줄 믿습니다.

우리의 일상에서 그런 구원이 많습니다. 저희 딸 경이가 성지여고 다닐 때 겪은 사건입니다. 집으로 오는 36번 버스를 타려고 하는데 "경아!" 하고 중학교 동창생이 부르더랍니다. "○○야, 얼마나 오랜만이냐? 반갑다." 이렇게 대화를 나누느라 그 차를 보내고 다음 차를 타고 오다가 그 앞차가 사고 나서 아이들이 피투성이가 된 것을 보았답니다. 경이가 집에 오더니 "아빠, 하나님께서 저를 지켜주셨어요."라고 했습니다.

하나님은 살아 계십니다. 섬세하십니다. 우리가 의의 길을 걸으면 하나님께서 구원해 주시는 것입니다.

그리고 형통하게 하십니다.

노아가 얼마나 형통했습니까? 노아는 방주를 짓는데도 형통했습니다. 잣나무와 역청이 부족하지 않았고, 방주를 만들다가 사고도 없었고, 양식을 다 구할 수 있었고, 방주에 물 한 방울 새지 않았고……. 이렇게 노아가 하는 일은 다 형통했습니다.

"의인의 길은 정직함이여 정직하신 주께서 의인의 첩경을 평탄케 하시도다."(이사야 26:7) 하나님은 정직하신 분으로 정직한 자의 길을 형통하게 하십니다. 우리가 정직한 마음을 품고 살면 우리 앞길에 대로를 열어 주심을 믿으시기 바랍니다.

"악을 떠나는 것은 정직한 사람의 대로니 그 길을 지키는 자는 자기의 영혼을 보전하느니라."(잠언 16:17) 할렐루야! 우리가 의로운 길을 가면 대로가 열립니다. 이것이 얼마나 중한지 모릅니다. 우리가 세상의 유혹에 끌리지 않고 하나님께서 원하시는 대로 의로운 길로 잘 달려가면 우리를 형통하게 하실 줄 믿습니다. 우리가 의로운 길로 가도 혹 오해를 받아 다니엘처럼 사자 굴에 들어갈 수 있지만 하나님께서는 그곳에서 건져 주시고 오히려 그 일로 우리의 정적을 다 없애 주시는 것입니다.

"대저 의인은 일곱 번 넘어질지라도 다시 일어나려니와 악인은 재앙으로 인하여 엎드러지느니라."(잠언 24:16) 의인은 형통하게 되지만 혹 불통한 일이 있더라도 다시 일어나게 되는 것입니다. 그러니 낙심하지 말고 의의 길로 달려갈 수 있기를 바랍니다.

그리고 가족도 구원을 해 주십니다.

노아는 의인이지만 노아의 세 아들 중 한 아들은 악인입니다. 그래도 아버지 때문에 모든 아들이 다 살았습니다. "하나님을 사랑하는 자는 천대까지 복을 받으리라."(출애굽기 20:6) 노아의 아들들이 멸망당할 수 있었는데 아버지 때문에 구원을 받은 것입니다.

따라 합시다. "내가 의로우면 내 아들딸이 복을 누린다." 명심해야 됩니다. 내가 악하게 살면 내 아들이 병들고 죽을 수 있습니다. 다윗이 간음하니 아들이 죽었습니다. 죄는 아버지가 지었는데 아들이 죽었습니다. 그 어린 핏덩이 아기가 무슨 죄가 있다고 하나님께서 그 아들을 데려가셨을까요? 부모인 우리는 자식이 아프면 '내가 무슨 죄를 지은 것이 없나?' 하고 살펴야 됩니다. 내가 악하게 살면 내 자식이 하나님의 채찍을 맞고 내가 의롭게 살면 내 자녀도 하나님의 복을 받습니다.

"정직자의 후대가 복이 있으리로다."(시편 112:2) 우리가 의로우면 자녀가 강성하게 됩니다. 그러니 자녀를 위해서도 우리가 의롭게 살아야 합니다.

창세기 18장 22-33절에 보면, 소돔과 고모라성에 의인 열 사람만 있으면 그 성을 하나님께서 용서해 주신다고 말씀하십니다. 예레미야 5장 1절에도 의인 한 사람만 있어도 그 성을 사해 주시겠다는 말씀이 나옵니다. 결국 나라가 잘 되는 길은 의인이 많아지는 것입니다. 우리가 의롭게 살고, 믿지 않는 이웃들에게 예수님을 전해서 그들도 의로운 백성이 되면 우리나라가 하나님의 복을 받게 됩니다.

"보라 내가 오늘날 생명과 복과 사망과 화를 네 앞에 두었나니."(신명기 30:15) 따라 합시다. "내 앞에는 항상 두 길이 있다." 우리 앞에는 항상 두 길이 있습니다. 한 길은 성령을 따라 의롭게 사는 길이고, 다른 길은 본능을 따라 죄를 지으며 사는 길입니다. 성령을 따라 사는 길로 가면 내가 의로워지고 하나님의 구원을 받고 하나님의 기쁨이 됩니다. 그리고 하나님과 대화하며 형통하게 되고 내 자녀도 잘 되고 내 도시와 나라도 잘 되는 것입니다. 그 선택은 우리가 해야 되는 것입니다.

이런 이야기가 있습니다. 미국인과 프랑스인과 유태인이 감옥에 들어갔는데, 그 감옥의 법은 죄수가 원하는 것을 하나만 그 안에 넣어주게 되어 있답니다. 그래서 담배를 원하는 미국 사람에게는 담배를, 예쁜 여자를 원하는 프랑스 사람에게는 예쁜 여자를 그 안에 넣어주었습니다. 유대인은 전화기를 원하니 그것을 주고 외부와 통화할 수 있게 해 주었습니다.

삼년이 지나 그들이 출소를 했습니다. 그런데 미국 사람은 양 귀와 코에 담배를 끼워 넣고 입에는 담배를 물고 뛰쳐나오면서 "불불불불!" 했습니다. 담배만 주고 불은 넣어주지 않아 삼년 간 담배를 보면서도 피우지 못했기 때문입니다. 프랑스 사람은 미인과 함께 아이를 안고 나왔습니다. 유대인은 나오면서 간수에게 말합니다.

"전화기를 설치해 주어서 고맙소. 내가 회사와 전화로 통화할 수 있어서 그 동안에 우리 회사가 200%나 성장했소. 고맙소. 내가 그 보답으로 당신에게 롤스로이스를 선물하겠소."

담배를 선택한 결과, 여자를 선택한 결과, 전화기를 선택한 결과가 이렇게 달랐습니다.

선택은 내가 합니다. 그 선택에 따라 결과가 이렇게 달라지는 것은 무서운 일입니다. 그리고 그 결과는 어떻게 바꿀 수가 없는 것입니다. 내가 죄의 길을 택하면 심판을, 저주를 받습니다. 그래서 자녀들도 함께 고생하게 되고, 내가 사는 도시와 나라도 화를 입게 됩니다. 내가 의로운 길로 가면 내가 잘 되고 내 자녀가 잘 되고 하나님께서 기뻐하십니다. 또 내가 사는 도시가, 세상이 잘 됩니다.

그러니 우리가 어디로 가야 하겠습니까? 날마다 성령의 인도를 좇아 의의 길을 달려갈 수 있기 바랍니다. 그래서 하나님의 의로운 오른손이 저와 여러분 집에 항상 머물러 있기를 축원합니다.

최이우 목사

감리교신학대학과 대학원에서 석사와 박사학위를 받았다. 현재 영성심리치료
센터, 한국직장선교회, 들소리 신문사의 이사장, 감리교신학대학교 객원교수이
며 종교교회 담임목사이시다.

죽은 것이 아니라 잔다

누가복음 8:40-56

-믿음이 경쟁력이다-

지금 미국에서 진행되고 있는 야구월드컵 WBC(월드 베이스볼 크래식)에서 대한민국은 6전 전승으로 4강에 올랐습니다. 예배가 진행되는 12시부터 한국은 일본과 준결승전을 갖습니다. 이 번 WBC 경기가 시작될 때만 해도 대한민국이 이렇게 잘할 줄은 누구도 몰랐습니다. 일본의 섬세한 야구와 야구 종주국인 미국의 잔치가 될 줄 알았는데, 미국은 한국과 멕시코에 지면서 자국 심판의 편파적인 부정심판까지 문제가 되면서 엄청난 수모를 겪었습니다. 처음부터 한국을 얕잡아보았던 일본은 두 번이나 계속된 패배에 대하여 스스로 분노를 삭이지 못하는 모습을 보였습니다.

한국 야구는 세계를 놀라게 하고 있습니다. 누구도 예측하지 못했던 놀라운 연승을 거듭하는 한국 야구의 경쟁력은 무엇일까요?

미국의 야구 전문 평론가 "마이클 어번"는 말합니다. "솔직히 한국 야구는 잘 모르지만 한국 팀은 내가 예상했던 것보다 훨씬 강했다. 이번 대표팀의 실력은 미국 야구를 놀라게 했다. 특히 1루수 이승엽파워 배팅 기술은 굉장히 인상적이다. 투수들이 참 좋다. 던지는 구질도 다양하고, 무엇보다 공을 낮게 던지고 제구력이 뛰어나다. 수비 역시 나무랄 데가 없다. 야구 교과서에서 가르친 대로 수비하고 있다. 이번 대회에서 거둔 한국의 6승 모두 완벽했다. 때문에 우승도 가능하다고 본다."

야구에 문외한인 내가 볼 때는 한국야구의 경쟁력은 첫째, 정신력입니다. '이기겠다. 이겨야한다'는 강한 신념입니다. 둘째, 성실성입니다. 맞붙어야 할 어느 팀도 얕잡아 보지 않고 교만하지 않고 최선을 다한 감독과 코치들, 선수들입니다. 그리고 셋째는 선수들을 확실히 신뢰하고 기대하며 기다려주는 아버지 같은 여유를 가진 감독의 리더쉽입니다. 그리고 뛰어난 용병술에도 있었습니다. 이것 모든 것 위에 또 하나가 있습니다. 하나님의 도우심입니다. "하나님이 보우하사 우리나라 만세!" 입니다. 신실한 기독교 신앙을 가진 감독을 위해 기도하는 교회가 있습니다.

지금 우리는 소위 "무한 경쟁 시대" "무한 경쟁 사회"속에 살고 있습니다.

과거에는 우리끼리 경쟁하면서, 너보다 좀 낫다 못하다고 하는 것으로 우월감을 갖거나 열등감을 가졌습니다. 그러나 이제는 나라간의 벽이 완전히 없어지고 말았습니다. '우르과이라운드', 'OECD가입', 'FTA', '스크린쿼터제' 같은 협상과 실시간 정보교환이 되는 인터넷의 발달로 세계는 한 지붕이 되었습니다. 우리는 식사 때마다 태국산 쌀밥에다가 중국산 김치를 먹고, 브라질산 커피를 마십니다. 그리고 세계인들은 한국산 현대 자동차를 타고 출근을 하고, 차 안에서 삼성 핸드폰으로 전화를 걸어 업무를 진행하고, LG냉장고에서 시원한 음료수를 꺼내 마십니다. 무엇이든 품질과 가격의 경쟁에서 이기지 못하면 세상의 무대에서 사라지고 맙니다.

저는 이 시간 경영학이나 경제학을 얘기하고자 하는 것은 물론 아닙니다. 신앙인으로서 인생의 브랜드 가치를 높이는 믿음에 대하여 말씀드리고자 합니다.

고린도전서 13:13의 말씀을 기억하실 것입니다. "그런즉 믿음, 소망, 사랑, 이 세 가지는 항상 있을 것인데, 그 중에 제일은 사랑이니라" 우리 삶의 최고의 경쟁력은 사랑이라고 말하고 있습니다. 성경에서 이 사실을 뒷받침할 수 있는 말씀들을 찾을 수 있습니다. 그러나 사랑이 최고의 경쟁력이 될 수 있는 것은 믿음, 소망, 사랑 이 세 가지가 같이 있을 때의 경우입니다. 만약에 믿음 없다면 사랑은 무의미합니다. 믿음이 가장 으뜸이고 최고의 경쟁력이 된다는 말입니다.

우리는 믿음으로 하나님의 자녀가 됩니다.

요한복음1:12-13의 말씀입니다. "영접하는 자 곧 그 이름을 믿는 자들에게는 하나님의 자녀가 되는 권세를 주셨으니, 이는 혈통으로나 육정으로나 사람의 뜻으로 나지 아니하고 오직 하나님께로서 난 자들이니라."

이 기본적이고 가장 중요한 믿음 위에 우리의 인생의 브랜드의 가치는 세워집니다. 그런데 바로 이 믿음의 질로 삶의 가치는 더욱 상승하게 됩니다. 성경은 말합니다. "네 믿음대로 될지니라.", "믿으면 하나님의 영광을 보리라", "믿음이 적은 자들아 왜 의심하였느냐?" "이스라엘에서 이만한 믿음을 만나보지 못하였다." 믿음이 크다 적다고 하셨는가 하면, 믿음의 질에 따라 내 삶 속에 나타나는 하나님의 역사가 다르게 나타난다고 하셨습니다.

오늘 읽은 말씀은 회당장 야이로를 통하여 믿음의 경쟁력을 보여줍니다.

1. 믿음은 불가능에 도전하는 신념입니다.(눅 8:41-42)

"이에 회당장인 야이로라 하는 사람이 와서 예수의 발 아래 엎드려 자기의 집에 오시기를 간구하니, 이는 자기에게 열 두 살 먹은 외딸이 있어 죽어감이니라."

이 짧은 말씀에서 우리는 야이로라 하는 사람이 어떤 상황에서 예수님께 나아와 기도하였는지를 알 수 있습니다. "죽어가는 외딸" 때문이었습니다. 다른 사람들 같으면 벌써 포기했을 것 같은 상황인데 그는 포기하지 않았습니다. 마지막 남은 생명을 붙들고 예수님께 나아갔습니다. 그리고 같은 사실을 기록하고 있는 마가복음5:23에는 이렇게 기록하고 있습니다. 많이 간구하여 가로되 '내 어린 딸이 죽게 되었으니 오셔서 그 위에 손을 얹으사 그로 구원을 얻어 살게 하소서.' 정말 어려운 딸의 상황을 가지고 와서 "많이 간구하였다"는 말은 끈질기게 기도하였다는 말입니다. 응답하실 때까지 기도했다는 말입니다. 이미 인간적으로 더 이상 기대할 수 없는 상황에 대하여 희망의 끈을 놓지 않고 여전히 붙들고 있었다는 말입니다. 예수님의 능력을 신뢰했기 때문에 그는 희망의 끈을 놓을 수가 없습니다. 이것이 인생의 강력한 경쟁력입니다. 어려운 상황에서 쉽게 절망하고 포기하고 불평한다면 사실상 일은 끝나버리고 맙니다. 야이로는 그 믿음에 자신의 모든 것을 걸었습니다. 사회적인 지위도, 체면도 다 버리고 예수 그리스도의 능력을 신뢰하는 그 믿음에 올인하였습니다. 여러분 우리들의 인생은 누가 더 오래 믿음의 끈을 붙들 수 있는 힘이 있느냐의 경쟁이라는 사실을 아십니까?

전도를 하는 것도 결국 신념으로 가는 인내의 싸움입니다. 하나님의 인류구원의 완성은 하나님의 끈질긴 인내의 승리였습니다. 아담으로부터 시작된 인류의 타락은 긴 역사 속에서 배반과 타락으로 계속되었습니다. 그럼에도 불구하고 하나님은 완벽한 당신의 자존심을 포기하고 세상에 죄인의 모습으로 오셔서 결국 십자가를 지셨습니다. 그리고 승천하신 다음 보혜사 성령을 보내셔서 우리를 충만하게 이끄셔서 구원의 역사는 이루어진 것입니다. 오늘 이 땅에 세워진 교회의 역사는 하나님의 믿음의 역사입니다. 인간을 구원하시겠다는 집념이 이 일을 이루셨습니다. 그것이 십자가입니다. 그래서 교회는 십자가를 우뚝 세워야 합니다. 우리의 승리는 십자가를 굳게 붙들 때 이루어

집니다.

전도자의 믿음의 인내가 없이는 어느 누구도 구원의 길에 들어 설수가 없습니다. 끈질기게 기도하는 믿음, 반드시 하나님은 하신다는 믿음 말입니다. 저는 지난 주간 예수5천에 초청할 사람들을 만났습니다. 사실 그들을 위한 기도는 꽤 오래 동안 계속되었습니다. 꽤 오랫동안 그들에게 정성을 쏟았습니다. 한 영혼의 구원을 위해서 내가 할수 있는 일들을 기회가 있을 때마다 작지만 계속했습니다. 그러나 계속 막상 찾아간다는 것은 역시 그리 쉬운 일이 아니었습니다. 기도하고 또 기도하였습니다. 주님께서 그들의 마음을 움직여 주시기를 간구하였습니다. 그리고 찾아갔는데 결과는 뜻밖이었습니다. 기다렸다는 듯이 쉽게 응답하는 것이었습니다.

사랑하는 여러분, 믿음은 쉽게 포기하지 않습니다. 하나님은 능히 하실 수 있기 때문입니다. 어떤 상황에서도 반드시 이루어야할 일에 도전하고 포기하지 않는 것이 경쟁력입니다. 하나님은 믿음의 사람들이 믿음으로 도전하기를 격려하고 있습니다. "할 수 있거든이 무슨 말이냐? 믿는 자에게 능치 못할 일이 없느니라."(빌 4:13) "내게 능력 주시는 자 안에서 내가 모든 것을 할 수 있느니라."(행 1:8) "오직 성령이 네게 임하시면 네가 능력을 받고." 믿음의 사람들은 도전합니다. 갈렙이 가나안 땅에 도착하여 "이 산지를 내게 주소서"라고 도전하였습니다.

2. 믿음은 불가능에도 도전합니다.

야이로는 예수님께 많이 기도하여 마침내 응답을 받고 함께 집으로 갑니다. 조급해진 마음으로 한시가 급하다고 생각하고 앞장서 가는 야이로에 비하여 예수님은 느긋 하셨습니다. 가는 도중 12년을 혈루증으로 앓아오던 한 여인이 예수님의 옷자락을 붙들었다가 깨끗이 낫는 일이 있었습니다. 이 일로 예수님은 가시던 길을 멈추셨습니다. 그리고 그 여인으로부터 신앙고백을 들으셨습니다. 이렇게 옥신각신하는 중에 뜻하지 않았던 상황이 전개되었습니다. 예수님의 지체하시는 걸음을 안타까운 심정으로 발을 동동 구르고 있던 회당장은 당시 집에서 달려온 몇몇 사람들로부터 절망적인 소식을 듣게 됩니다.

"당신의 딸이 죽었습니다. 어찌하여 선생을 더 괴롭게 하나이까?"(35)

이 말을 들은 백부장의 태도와 보습을 성경은 더 이상 기록하고 있지 않습니다. 그러나 그 사람들의 말을 들은 예수님께서 백부장을 행하여 하신 말씀은 이렇게 기록되었습니다. "두려워 말고 믿기만 하라."(36) 이 말씀으로 우리가 미루어 생각할 수 있는 것은 백부장은 대단히 두려워했을 것이라는 사실입니다. 무엇에 대한 두려움이었을까요?

예수님을 향한 자신의 믿음이 뿌리 채 흔들리고 무너질 것에 대한 두려움이었을 것입니다. 자신의 소망이었고 사랑이었던 그 딸이 죽었다는 사실 때문에 삶의 모든 소망이 끊어져 버리는데 대한 두려움이었을 것입니다. 사랑하는 딸의 죽음으로 인하여 아내를 비롯한 가족들의 절망과 탄식을 어떻게 대면해야할 것인가에 대한 두려움이었을 것입니다. 이런 저런 두려움으로 이 백부장은 어찌할 바를 몰랐을 것입니다. 이 상황에서 하신 주님의 말씀은 이제 더 담대한 믿음이 필요하다고 가르치신 것입니다. 상황이 어려워지면 더 강한 믿음이 필요한 순간이 옵니다.

이 세상의 모든 돈이, 지구 위의 모든 인간 능력이, 영원 속의 모든 시간이 당신의 문제 앞에서는 다 쓸데없는 것이라고 생각될 때, 그 때는 어떻게 해야 할까요?

앞길이 아주 암담해 보일 때, 부정적인 사고주의자는 자신을 동정하면서 내심으로 공포를 느끼며 손에는 술병이나 약병을 들고, 짐을 싸가지고 떠나버립니다. 그러나 적극적 사고주의자는 어떤 일이 있어도 희망을 잃지 않습니다.

히틀러가 두려워 지하에 숨은 많은 유대인 가운데 한 사람이 있었습니다. 우리는 그의 이름도, 후에 그가 어떻게 되었는지도 알 수 없습니다만 그의 믿음은 알 수 있습니다. 독일에 있는 어떤 집의 지하실 벽에는 다음과 같은 용감한 글귀가 새겨져 있었습니다.

"나는 태양이 빛나지 않을 때에도 태양이 있음을,

나는 사랑을 느끼지 못할 때에도 사랑이 있음을,

나는 하나님이 침묵할 때도 하나님이 계심을 믿는다."

상황이 전혀 희망 없는 것처럼 보일 때에라도 계속해서 희망을 간직하십시오. 모든 것이 다 불가능해 보일지라도 그 패배를 인정하지 마십시오.

이것이 야이로에게 하신 주님의 말씀의 뜻입니다. "두려워말고 믿기만 하십시오." 절망할 수밖에 없는 그 순간이 바로 하나님만 바라보고 희망을 가져야 할 때입니다.

미국의 역사상 나라에 가장 큰 부를 가져다 준 대통령은 1865-1869년까지 재임했던 17대 '앤드류 존슨'이라고 합니다. 그는 아주 가난한 집안에 태어나서 초등학교를 다녀야 할 나이에 양복점 점원으로 취직해서 열심히 재봉을 배웠습니다. 열 일 곱살에 양복점을 차려서 독립을 했고, 독학으로 학식을 쌓고 좋은 인간관계로 덕망을 쌓아 주지사와 상원의원이 되었고, 정치력을 인정받아 대통령에 당선이 되었습니다. 재임기간 중에 의회의 동의도 받지 않고 720만 달러(약 80억 원)를 지불하고, 구소련으로부터 알래스카를 구입하였습니다. 이 일로 의회는 엄청난 비난을 퍼부었습니다. 그 때 앤드류는 의회와 정부의 공동조사단을 구성하고 알래스카를 탐사하고 보고하도록 하였습니다. 탐사단의 보고는 놀라웠습니다. 미국 땅의 1/5의 크기의 이 땅은 세계에서 가장 많은 양의 석유가 매장되어 있고, 순금, 백금 등 헤아릴 수 없는 지하자원과 어류, 산림자원이 풍부한 자원의 보고임이 밝혀졌습니다.

앤드류는 항상 이런 신념을 가지고 살았다고 합니다. "어떤 시련이 있어도, 환경이 아무리 불리해도, 하나님 안에서 절대로 절망하지 않는다." 주 예수님은 야이로에게 말합니다. "두려워말고 믿기만 하라."

3. 믿음은 하나님의 능력을 경험하는 채널입니다.(53-55)

예수님께서 회당장 야이로의 집에 들어가서 말씀하십니다. "울지 말라. 죽은 것이 아니라, 잔다." 그 다음의 말씀을 주목해 보세요. "예수께서 아이의 손을 잡고 불러 가라사대, 아이야 일어나라 하시니 그 영이 돌아와 아이가 곧 일어나거늘 예수께서 먹을 것을 주라 명하신 대 부모가 놀라는지라."

인간이 할 수 있는 일을 다 한 다음, 더 이상은 어떻게 할 수 없다고 할 때는 전적으로 주님만 바라볼 수밖에 없습니다. 그 때가 내 삶 속에 하나님의 일 하시는 것을 경험하게 됩니다.

금년 4월 1일이면 26세에 시작한 담임목회가 만 29년을 맞습니다. 지금까지 은혜로 인도하신 주님께 감사합니다.

그 동안 내 목회에서 두 번의 힘든 때가 있었습니다. 첫 번째는 목회를 시작하던 첫해, 작은 아주 작은 시골 교회를 담임해 갔다가 몇 달이 되었을 때였습니다. 교회의 상당한 부분을 책임지고 이끌던 장로님이 이사를 가신 것이었습니다. 지나놓고 보면 아무것도 아닌 것을 그 때는 몹시 걱정이 되었던 것이 사실입니다.

그리고 두 번째는 1997년 때의 일이었습니다. 교회를 개척해서 10주년이 되던 때에 교회 안에서 작은 내홍을 겪게 되었습니다. 교회 규모에 비하면 아주 작은 일이었으나 그것은 나에게 적지 않은 고통이었습니다. 그러나 하나님만 바라보고 금식하며 기도할 때, 모든 것이 합력하여 선을 이루는 축복의 기회가 되었습니다.

그 때 나는 인간적인 노력이 교회의 문제를 해결하는데 거의 도움이 되지 않는다는 사실을 깨달았습니다. 이 말을 일반적으로 표현하면 '절망'이라는 뜻입니다. 그러나 놀라운 것은 바로 그때가 하나님이 일하시는 시작의 시간이었습니다.

인간의 끝이 하나님의 시작이라는 사실을 아십니까? 금식하며 철야하며 기도할 수 있으니 얼마나 감사한 일입니까? 그렇게 기도하는 어느 날 주님은 나에게 말씀으로 응답하셨습니다. "여호와께서 너를 위하여 싸우시리니, 너희는 가만히 있을지니라."(출애굽기 14:14)

이 말씀은 모세가 이스라엘 백성들을 이끌고 출애굽해서 홍해 앞에 이르러서 진을 치고 있을 때, 애굽의 바로의 군대가 추격해 오고 있을 때 하나님께서 하신 말씀입니다. 하나님은 하나님만 바라보고 기도하던 모세에게 계속 말씀하셨습니다.

"지팡이를 들고 손을 바다 위로 내밀어 그것으로 갈라지게 하라. 이스라엘 자손이 바다 가운데 육지로 행하리라."(출애굽기 14:15)

사랑하는 여러분, 하나님이 한 문을 닫으실 때는 다른 한 문을 예비하십니다. 닫힌 문 앞에서 망하게 하시지 않습니다. 그러나 우리가 계속 닫혀진 그 문만 바라보고 있노라면 하나님이 예비해 두신 다른 문을 바라볼 수 있는 기회를 잃어버릴 수 있습니다. 그러므로 절망, 그 상황을 떠나서 하나님을 바라보아야할 때입니다. 하나님은 살아계십니다.

짧은 인생의 경험에서 내릴 수 있는 작은 결론 한 가지는, '어떤 상황에서도 아주 절망할 필요가 없다'는 것입니다. 저는 한 말씀을 깊이 신뢰하게 되었습니다. "우리가 알거니와 하나님을 사랑하는 자 곧 그 이름을 믿는 자들에게는 모든 것이 합력하여 선을 이루느니라."(로마

서 8:28)

여러분! 항상 "롬팔이팔"입니다. 잘못 들으면 욕 같지만, 로마서 8:28은 살아있습니다. 걱정하거나 낙심하지 마십시오. 주 은혜 안에서 모든 것은 반드시 잘 됩니다.

우리는 예수그리스도의 십자가 승리를 믿습니다. 이 세상 어떤 고난도 십자가보다 더한 고통은 없습니다. 그 십자가를 부활의 영광으로 바꾸신 주님 안에 사시는 여러분 삶에 예수님은 오늘도 모든 것이 합력하여 궁극적인 승리자가 되게 하십니다.

사람들은 깊은 바다에 들어가서 헤엄치며 바다의 창일함을 만끽하며 헤엄치기보다 얕은 물가에서 적당하게 손 집고 헤엄치며 물장구치며 놀려고 합니다. 그러나 주님은 말씀하십니다. 찬송가 408장 4절입니다.

자 곧 가거라 이제 곧 가거라 저 큰 은혜 바다 향해

자 곧 네 노를 저어 깊은 데로 가라 망망한 바다로

언덕을 떠나서 창파에 배 띄워 내 주 예수 은혜의 바다로 네 맘껏 저어가라.

내 손이 땅에 닿지 않을 때, 내 발이 땅에 닿지 않을 때, 비로소 물 위에 떠야할 때입니다. 헤엄을 칠 때라는 말입니다. 우리 몸을 물에 맡기고 조용히 손과 발을 움직여주면 됩니다.

하나님께서 우리 삶에 깊이 개입하시는 때입니다. 이 믿음이 있으면 우리 삶 속에서 역사하시는 하나님을 경험하게 됩니다. 믿음이 있으면 모든 환경에서 이길 수 있습니다. 믿음이 경쟁력입니다.

예수님께서는 이렇게 말씀하십니다.

"저희가 믿음으로 나라를 이기기도 하며, 의를 행하기도 하며, 약속을 받기도 하며, 불의 세력을 멸하기도 하며, 칼날을 피하기도 하며, 연약한 가운데서 강하게 되기도 하며 전쟁에 용맹이 되어 이방 사람의 진을 물리치기도 하며⋯⋯"(히브리서 11:33-34)

믿음이 경쟁력입니다. 큰 믿음을 가지십시오. 끝장이 났다고 쉽게 포기하지 마십시오. "죽은 것이 아니라 잔다" 하시는 주님 안에서 아직도 우리에게 희망이 있습니다. 두려워말고 믿기만 하십시오. 전적으로 주님을 의지하고 하나님께 나아가십시오. 하나님은 어제나 오늘이나 영원토록 동일하십니다.

살아계신 하나님의 능력을 오늘 여러분의 삶 속에서 체험하십시오. 아멘.

한 사람, 예수 앞으로!

마가복음 2:1-12

오늘 본문의 말씀은 가버나움에서 이루어진 한 치유 사건입니다. 스스로 자신의 몸을 가누지 못하는 한 중풍 병자를 네 명의 친구들이 들것에 메고 예수님 앞으로 나아왔습니다. 그러나 많은 사람들이 모여 예수님 앞으로 나아갈 수 없자 그 지붕을 뜯어내고 들것을 예수님이 계신 앞으로 달아 내렸습니다. 예수님께서 그들의 믿음을 보시고 그 중풍 병자에게 말씀 하셨습니다.

"소자야, 네 죄 사함을 받았다. 일어나 네 상을 가지고 집으로 가라."

그렇다면 중풍 병자를 메고 온 사람들이 가진 믿음은 어떤 것이었을까요?

1. 사람을 주님께로 인도하는 믿음이다.

열왕기하 7장에 보면 네 명의 나병 환자들 이야기가 나옵니다. 아람왕 벤하닷이 군대를 이끌고 올라와서 사마리아성을 포위하였고, 시간이 지나면서 사마리아 성은 굶주림으로 큰 고통을 겪게 되었습니다. 그때, 사마리아 성문 어귀에서 나병 환자 네 사람이 굶주림에 지쳐 있다가 서로를 처다보며 말했습니다. "이대로 굶어 죽느니 차라리 우리가 가서 아람 군대에 항복하자." 그런데 이게 어찌된 일이란 말인가요? 그들이 아람 군대의 진에 이르렀을 때는 단 한 사람의 군인도 남지 않고 모두 도망하고 없었습니다. 이들은 장막에 들어가 먹고 마시고 은과 금과 의복을 취하여 감추고 하다가 서로 얼굴을 마주 보며 말했습니다. "우리의 소위가 선치 못하도다. 오늘날은 아름다운 소식이 있는 날이거늘 우리가 잠잠하고 있도다. 만일 밝은 아침까지 기다리면 벌이 우리에게 미칠지라. 이제 떠나 왕궁에 가서 고하자."(열왕기하 7:9)

다른 사람들이야 죽든 말든 내 배만 부르면 그만이다는 생각은 죄악입니다. 그래서 이 네 명의 나병환자가 사마리아 성으로 달려가서 여기 살길이 있다고 외칩니다. 이것이 바로 복음을 전하는 성도의 자세입니다. 내게 구원을 주신 이 놀라운 은혜를 나만 받고 죽음의 고통 중에 있는 자들에게 전하지 않는다면 죄악입니다. 선을 알고도 행하지 않는다면 죄악입니다. 살길이 무엇인지 알면서도 낭떠러지로 줄달음치고 있는 자들에게 바른 길을 가르치지 않는다면 죄입니다. 나 같은 죄인을 예수님이 구원하여 주셨는데 어찌 전하지 않을 수 있겠습니까!

2. 행동하는 것은 적극적인 믿음이다.

하나의 길이 막히면 또 다른 길을 찾고야 마는 적극적인 믿음을 주님은 보십니다. 예수님께 중풍병자를 데리고 나온 이 네 사람은 첫 번째 장벽에 부딪히게 되었습니다. 모여든 많은 사람들 때문에 이 중풍병자를 데리고 예수님 앞으로 나갈 수가 없었기 때문입니다. 믿음으로 나아가는 길에 장애물은 항상 있습니다. 이것은 주님께서 우리의 믿음을 테스트하시기 위하여 놓아두는 장애물일 수 있습니다. 정말로 주님께 나아가고자 하는 믿음이 있는지를 주님은 보시기 원하십니다. 네 사람은 예상치 못했던 장애를 만나 양보하지 않는 사람들을 원망하지 않았습니다. 모든 것을 아시는 예수님께서 무슨 선한 조치를 하시지 않는다고 원망하지 않았습니다. 믿음으로 나아가는 길에 이런 장애가 있다고 투덜대지 않았습니다. 막힌 길이 끝이 아님을 알았기 때문입니다. 그래서 이들은 예수님께로 나아갈 수 있는 길이 있음을 발견하였습니다. 그래서 그들은 좀 힘은 들지만 그 사람을 들고 지붕으로 올라갔습니다. 그리고 힘이 들고 다소 결례가 되는 길이었지만 지붕을 뚫고 그 사람을 예수님 앞으로 달아 내렸습니다. 길은 있습니다. 하나님은 언제나 하나의 문을 닫으시면 또 다른 한 문을 열어놓으십니다.

3. 중풍 병자의 믿음을 보셨다.

    믿음은 들음에서 납니다. 복음의 소식! 구원받은 사람들의 간증! 믿음의 이야기는 사람들의 마음에 믿음을 심어줍니다. 예수의 소식을 들으면 믿음이 생깁니다. 믿음이 불처럼 일어나면 기적은 일어납니다. 예수님은 "옷자락에 손만 대어도 구원을 받을 수 있다"고 믿는, 12년을 혈루증으로 고생하던 여인의 마음을 읽으셨습니다, 그리고 그의 믿음대로 고쳐 주셨습니다. 주님은 주님 앞에 있는 우리들의 믿음을 읽으십니다. 그리고 그 마음속의 믿음을 보시고 은혜를 베푸십니다. 주님은 이 시간도 여러분들의 마음에 있는 믿음을 보십니다. 이 믿음을 보셨기에 말씀하셨습니다. "네 죄 사함을 받았다." "일어나 네 상을 가지고 걸어가라."

    '마빈토케이어' 의 유대인들 오천년의 지혜를 담은 "탈무드"에 "0에서 1을 이루는 것이 1에서 1000을 이루는 것 보다 귀하다."는 이야기가 있습니다. "한 사람, 예수 앞으로!" 온 세상을 구원하는 일은 한 사람을 예수 앞으로 인도하는 순종의 믿음으로 이루어집니다. 우리들의 삶의 자리에서 예수의 노래를 부릅시다. 희망을 노래합시다. 주변에서 들리는 신음 소리와 탄식 소리들이 잦아들고 희망의 새싹이 돋아나도록 그들의 영혼에 들리도록 세상의 구주, 나의 구주 예수를 말합시다. 예수께로 사람들을 인도합시다.